TÖDLICHE GABEN

SILKE JELLINGHAUS (HG.)

TÖDLICHE GABEN

DIE SPANNENDSTEN WEIHNACHTSKRIMIS

Deutsch von
Tanja Handels, Andree Hesse, Katharina Naumann,
Constanze Rheinholz, Gabriele Schrey-Vasara,
Michael Windgassen

WUNDERLICH

5. Auflage Dezember 2009

«Der Baum» (Titel der Herausgeberin) aus:
Veit Heinichen, «Die Ruhe des Stärkeren»

Satz Aldus PostScript (InDesign)
bei Pinkuin Satz und Datentechnik, Berlin
Druck und Bindung CPI – Clausen & Bosse, Leck
Printed in Germany
ISBN 978 3 8052 0883 3

Inhalt

SIMON BECKETT

Schneefall

Der Schnee wehte hinab, bedeckte das bereits mit Frost überzogene spröde Gras und ließ es weicher wirken. So weit das Auge reichte, erstreckten sich nach allen Seiten die Grampian Highlands, deren weiße Gipfel und Täler von grünem Gebüsch übersät waren. Der Himmel darüber war so eintönig grau, dass er unendlich schien.

Ich starrte wie hypnotisiert auf die zahllosen, zu Boden sinkenden Schneeflocken und riss mich dann zusammen. Vor mir befand sich der einzige Farbtupfer in der Landschaft: ein quadratisches Zelt, das so gelb leuchtete, als würde die Sonne von innen durch den Stoff brechen.

«Alles in Ordnung, Dr. Hunter?»

Detective Sergeant Winters hatte einen passenden Namen, jedenfalls in diesen Monaten des Jahres. Aber der kalte Name war irreführend. Die Kriminalbeamtin war klein und hübsch und hatte eine sanfte Stimme, die ihr in ihrem Beruf bestimmt keine Hilfe war. In dem Schutzanzug, den sie über ihre Zivilkleidung gezogen hatte, sah sie aus wie ein Kind, das in Erwachsenenkleider geschlüpft war.

«Ich habe mir nur ein wenig die Beine vertreten», sagte ich.

Das gefrorene Gras und die fester werdende Schneedecke knirschten unter meinen Füßen, als ich ihr ins Zelt folgte. Drinnen war die Luft feucht, aber etwas wärmer, ein Eindruck, der durch das von dem gelben Stoff erzeugte falsche Sonnenlicht verstärkt wurde. Einige Gestalten hockten vor einer dunklen, rechteckigen Grube im Grasboden. Aufgrund der weiten Overalls und der Masken wirkten sie geschlechtslos und waren nicht unterscheidbar.

Als ich hereinkam, schauten sie auf. Einer nach dem anderen trat zur Seite, damit ich sehen konnte, was sie da untersucht hatten.

Die Knochen in dem Grab waren klein, wie ich gleich auf den ersten Blick erkennen konnte. Das Team der Spurensicherung hatte sie nur teilweise freigelegt, sodass sie aus der kalten, harten Erde herauszuwachsen schienen. Da sie auch dieselbe Farbe wie der Boden hatten, hätte man meinen können, sie bestünden aus dem gleichen Material. Ich hockte mich neben die Grube. Der Schädel lag schräg auf der Seite, aus den leeren Augenhöhlen und dem Mund rieselte torfige Erde. Er war leicht nach unten geneigt, so als würde er auf das hinabschauen, was die Leiche in den Armen hielt.

An die gebrochenen Rippen schmiegte sich ein zweites Skelett, das wesentlich kleiner war als das andere.

«Ein Schafzüchter hat sie gefunden. Er hat einen Teil des Schädels gesehen, der aus der Erde herausragte», erläuterte Winters und zuckte dann mit den Achseln. «Diese Gegend leidet seit Jahren an Bodenerosion. Wir glauben, dass der heftige Regen im Herbst die letzte Erde weggespült hat, die diese Knochen noch bedeckt hatte. Aber wie Sie sehen können, sind sie nicht besonders tief vergraben gewesen.»

Das stimmte. Das Grab war nicht einmal einen halben Meter tief und bedeckte kaum den traurigen Knochenhaufen, der einmal zwei Leben gewesen war.

«Glauben Sie, es ist wieder passiert?», fragte Winters.

Sie musste nicht erklären, was sie meinte. Dies war meine zweite Reise in die Grampian Highlands innerhalb weniger Monate. Beim letzten Mal hatte ich dabei geholfen, die brutal entstellte Leiche einer jungen Frau aus einem Grab im Hochmoor zu bergen, das allerdings wesentlich tiefer gewesen war als dieses. Damals war ich zum ersten Mal zu den Ermittlungen herangezogen worden, und in den vergangenen zwei Jahren hatte es dann eine Reihe ähnlicher Fälle gegeben. Jedes Mal hatte es sich um junge Frauen gehandelt, deren Leichen furchtbare Wunden aufwiesen. Die Ähnlichkeit der Verletzungen und die Anordnung der Überreste ließen keinen Zweifel daran, dass immer ein und derselbe Mörder dafür verantwortlich war.

Manchen Menschen gefällt es, andere Menschen umzubringen. Als forensischer Anthropologe ist es mein Beruf – meine Berufung –, herauszufinden, wie sie es getan haben, und für die Identifizierung ihrer Opfer zu sorgen. Und manchmal, so Gott will, dabei zu helfen, dass sie es nicht wieder tun.

Doch bei diesen Fällen war das nicht gelungen. Wer auch immer der Mörder war, er hatte – es war fast immer ein *er* – seit Jahren unbehelligt gemordet. Erst in jüngster Zeit waren seine Taten nach und nach ans Tageslicht gekommen und hatten auf seine Existenz hingewiesen. Ich war mir ziemlich sicher, dass es noch mehr Opfer geben musste, deren Leichen noch nicht gefunden worden waren.

Und dass es weitere geben würde.

Allerdings war ich mir nicht sicher, ob wir es hier mit einem weiteren Opfer dieses Mörders zu tun hatten. «Ich weiß es nicht», antwortete ich.

«Zuerst hielten wir es für möglich. Ich hatte mit den anderen Fällen nichts zu tun, aber … Na ja, Sie wissen schon, wenn hier draußen eine vergrabene Frau gefunden wird … Doch dann haben wir das … das zweite Skelett entdeckt.»

Ich bemerkte ihr Zögern, als könnte sie, indem sie die Worte vermied, die grausame Tatsache verleugnen, die vor ihr ausgebreitet lag. Aber sie war nicht zu verleugnen. Auch wenn man es nicht aussprach, gab es keinen Zweifel daran, dass in den skelettierten Armen ein Kind lag.

Ein Baby.

«Sonst wurde immer nur eine gefunden, oder? Nicht zwei?», fragte Winters, obwohl sie das bereits wusste. Aber sie war nervös und versuchte es zu verbergen.

Das war in solchen Situationen nicht ungewöhnlich.

«Ja, es war immer nur eine Leiche», bestätigte ich ihr. Ich hatte mittlerweile die Knochen untersucht, bisher allerdings, ohne sie zu berühren, und versuchte nun, Hinweise darauf zu finden, mit wem wir es zu tun hatten. «Sind Sie sicher, dass es eine Frau ist?»

«Nein, aber ich dachte ...» Winters deutete auf die aneinandergeschmiegten Überreste. «Also, ich nahm an, es handelt sich um eine Mutter mit ... mit Kind. Oder?»

Sie klang besorgt. Ich vermutete, dass sie noch nicht an vielen Mordermittlungen beteiligt gewesen war. Das Team der Spurensicherung, das erfahrener war, wartete geduldig. Die Beamten hatten sich daran gewöhnt, sich von solchen Anblicken nicht aus der Fassung bringen zu lassen. Oder es zumindest nicht zu zeigen. Was sie in der Nacht träumten, war eine andere Sache.

«Sie könnten recht haben», sagte ich. «Ich wollte nur wissen, ob das bereits festgestellt worden ist.»

Ein Beamter der Spurensicherung meldete sich zu Wort. Unter der Kapuze des Overalls und hinter der Maske konnte man ihn kaum erkennen, aber seine Stimme klang nach einem Mann in den mittleren Jahren, und er sprach in dem rauen, melodischen Singsang der Highlands.

«Noch nicht. Sieht aber so aus, als könnten es tatsächlich Mutter und Kind sein. Der Schädel und die Hüfte scheinen weiblich zu sein, soweit wir sehen können. Über das arme Kind können wir aber noch nichts sagen.»

Ich nickte. Dass der Schädel zierlich und die Hüften

eher breit aussahen, war mir bereits selbst aufgefallen, und angesichts der geringen Größe der Überreste konnte es keinen Zweifel daran geben, dass die Leiche eine Frau gewesen war.

Ein Urteil über das Kind zu fällen war aber nicht so leicht. Je jünger ein Baby ist, desto schwerer fällt die Bestimmung des Geschlechts, zudem war von dem winzigen Skelett noch nicht genug freigelegt worden, um überhaupt Vermutungen anzustellen. Der Schädel war teilweise im dunklen Torf vergraben, ich konnte jedoch sehen, dass die Fontanellen, die Lücken zwischen den Schädelplatten eines Neugeborenen, sich noch nicht vollständig geschlossen hatten.

«Weniger als ein Jahr alt, meinen Sie nicht auch?», fragte der Beamte. Sein Ton war sachlich, doch ich meinte eine Spur Traurigkeit herauszuhören.

«Würde ich auch sagen.»

Er nickte, ohne seinen Blick von der Grube abzuwenden. Hinter der Schutzkleidung waren von seinem Gesicht nur die Augen zu sehen, und die waren von einem Faltennetz umringt und wirkten müde. «Ich habe einen Enkel in dem Alter.»

Dazu gab es nichts zu sagen. «Haben Sie an einem der beiden Skelette Spuren von Verletzungen entdeckt?», fragte ich.

«Nur diese.»

Mit einem weichen Pinsel strich er behutsam die restliche Erde vom Unterschenkel der Frau. Das Schienbein war eindeutig in der Mitte gebrochen.

«Der Bruch ist nicht verheilt, er muss also noch frisch gewesen sein, als sie gestorben ist», sagte der Beamte. Sein Atem hing wie eine Nebelwolke in der Luft.

«Wahrscheinlich», stimmte ich zu. Ein Verdacht kam in mir auf, doch ich musste Gewissheit haben, ehe ich etwas sagte. Ich bückte mich, um die Rippen des größeren Skeletts zu untersuchen, und berührte sie vorsichtig mit meinen in Latexhandschuhen steckenden Fingern. Aus der Nähe waren die Knochen zerfressen und abgenutzt, wodurch sie noch zerbrechlicher wirkten. «Haben Sie Kleidungsreste gefunden?», fragte ich.

«Überhaupt keine.» Seine Stimme klang wütend. «Sieht so aus, als wären sie nackt vergraben worden.»

«Auf gewisse Weise hoffe ich ja, dass es derselbe Mörder ist», sagte Winters und versuchte, ihr Unbehagen hinter vorgespielter Forschheit zu verbergen. «Ist schon schlimm genug, wenn einer hier draußen herumläuft.»

Ich sagte nichts und schaute nur hinab auf die Skelette.

«Und, wollen Sie anfangen, Dr. Hunter?», meinte Winters nach einer Weile, vielleicht entnervt von meinem Schweigen.

Ich stand auf. «Nein. Hier gibt es für mich nichts zu tun.»

Die Gesichter in dem gelben Zelt starrten mich an. Winters' Verwirrung wich der Verärgerung. «Tut mir leid, aber das verstehe ich nicht. Wir haben hier einen Doppelmord, wahrscheinlich von einem Serienmörder verübt. Und für Sie gibt es nichts zu tun?»

«Ich glaube nicht, dass die beiden ermordet worden sind», entgegnete ich. «Und selbst wenn sie ermordet worden wären, könnte man nichts mehr tun. Es ist vor zu langer Zeit passiert.»

Winters blinzelte, als ihr dämmerte, was ich meinte. «Vor zu langer …? Meinen Sie, die Skelette sind alt?»

«Nicht nur alt. Sie sind uralt. Sie haben schon so lange dort gelegen, dass die Erde bereits in die Knochen eingedrungen ist und sie hat vermodern lassen. Deswegen die gleiche Farbe. Und deswegen gibt es auch keine Kleidungsreste.» Ich zuckte müde mit den Achseln. «Egal, ob sie Wolle oder Baumwolle oder gar Leder getragen haben, die Kleidung ist schon vor Jahrhunderten verrottet.»

Winters machte ein Gesicht, als wüsste sie nicht, ob sie erleichtert oder enttäuscht sein sollte.

«Glauben Sie, es könnte ein rituelles Grab sein?», fragte der ältere Beamte der Spurensicherung. Die Atmosphäre im Zelt hatte sich verändert, die Anspannung war verflogen.

«Das müssen Sie einen Archäologen fragen», sagte ich. «Aber ich bin mir nicht einmal sicher, ob sie begraben worden sind. Die Knochen weisen Zahnspuren auf. Ich würde sagen, sie lagen eine ganze Weile im Freien. Lange genug jedenfalls, dass sich Tiere über die Überreste hergemacht haben. Keine großen, sonst wären die Knochen verstreut worden. Wahrscheinlich nur Vögel und Nager.»

«Die armen Teufel», sagte er sanft. «Haben Sie eine Idee, woran sie gestorben sind?»

«Ich glaube, das haben Sie bereits herausgefunden. Das gebrochene Bein der Mutter. Damit konnte sie nicht mehr weitergehen. Und wenn das Wetter so war wie jetzt ...»

Der Satz musste nicht beendet werden. Er nickte. «Sie hat sich also einfach hingelegt und ist mit ihrem Baby gestorben. Und dann haben sich die Knochen im Boden abgelagert und wurden allmählich zugeweht. Deswegen sind sie auch kaum mit Erde bedeckt.»

Stille entstand. Einer der Polizeibeamten durchbrach sie. «Sollen wir dann einpacken?»

Winters seufzte verärgert auf. «Meinetwegen.»

Ich folgte ihr nach draußen. Es schneite noch immer, und nach dem Aufenthalt in dem gelben Zelt blendete das Weiß. Die eisigen Flocken erfüllten die Luft und schwirrten langsam zu Boden. Ich schaute in die leere Landschaft und dachte an die junge Frau, die hier draußen vor unzähligen Jahren allein mit ihrem Kind gestorben war.

Wieder eine Geschichte, die letztlich für immer unbekannt bleiben würde.

«Ich werde das Präsidium bitten, einen Archäologen herzuschicken», sagte Winters, zog die Latexhandschuhe aus und öffnete den Reißverschluss ihres Overalls. Sie klang lustlos, und ich bezweifelte, dass sie selbst ihre Stimmung als Enttäuschung erkannte. Oder die Enttäuschung zugeben würde, wenn sie sie erkannte. «Tut mir leid, dass Sie umsonst den ganzen Weg hier rauskommen mussten.»

«Es ist nicht Ihre Schuld», sagte ich, aber sie hatte sich schon abgewandt, um einem uniformierten Constable Anweisungen zu erteilen, und hörte mich nicht.

«Trotzdem, danke, dass Sie gekommen sind, Dr. Hunter», sagte sie, als sie mir zum Abschied die Hand schüttelte. Da die Latexhandschuhe bei diesem Wetter kaum wärmten, war ihre eiskalt. Sie wollte sich umdrehen, hielt dann aber inne und schenkte mir ein Lächeln, ein wenig ironisch und ein wenig gehemmt. «Ach, und fröhliche Weihnachten.»

«Fröhliche Weihnachten», sagte ich. Dann machte ich mich auf den langen Weg über das Hochmoor zurück zu meinem Wagen.

Deutsch von Andree Hesse

OLIVER BOTTINI

Die Rückkehr des Mörders

Hans Martensen spielte mit seinem Sohn Schach, als der Anruf kam. Keine Unterbrechungen, wenn sie spielten, hatten sie vereinbart, es sei denn, es war dienstlich.

«Tut mir leid», sagte Martensen.

«Du hast sowieso verloren», sagte sein Sohn und deutete auf den weißen Läufer.

Sie saßen in T-Shirts im Wintergarten und tranken Bier und spielten die dritte Partie an diesem Samstagvormittag. Einmal hatte Martensen gewonnen, einmal sein Sohn. So war es meistens, es ging hin und her. Draußen schien die Sonne, und der hartgefrorene Schnee, der den Boden bedeckte, hatte zu tauen begonnen. Auf dem Dach des Wintergartens wurde der Schnee lichter.

«Nein», sagte Martensen nach einem Moment, wies auf seine beiden Türme und dachte, dass er aufpassen musste, den weißen Läufer hatte er übersehen. Er wusste, dass er kein besonders guter Schachspieler war, es ärgerte ihn längst nicht mehr. Kein besonders guter Vater, kein besonders guter Ehemann, kein besonders guter Polizist. Es hatte eine Weile gedauert, inzwischen war er mit sich im Reinen. Er war ja nicht schlecht. Er war nur einfach nicht besonders gut, und das galt schließlich für viele andere auch.

«Bin gleich wieder da», sagte er und ging ins Wohnzimmer. Das Diensthandy lag auf dem Kaminsims, auf dem Display stand «Arndt».

«Janisch ist draußen», sagte Arndt Theissen.

Martensen blickte durch die Glasscheibe in den Wintergarten. Sein Sohn hatte sich vorgebeugt, die langen Haare verbargen sein Gesicht. Mit dem Zeigefinger klopfte er sich nachdenklich auf die Lippen, eine Geste, die Martensen liebte, weil sie für ihn reserviert zu sein schien. Nur beim Schach klopfte sich sein Sohn auf die Lippen und war ruhig und konzentriert und nah bei ihm.

«Hast du gehört, Hans?»

«Ja. Woher weißt du's?»

«Die JVA hat angerufen.»

Martensens Blick lag noch immer auf seinem Sohn, und er dachte, wie schnell die Jahre vergingen. Als er Janisch verhaftet hatte, war sein Sohn ein oder zwei Jahre alt gewesen. Jetzt war er sechzehn. Dazwischen, so kam es ihm vor, lag nicht viel. Ein paar schlaflose Nächte, ein paar Elternabende, ein paar Auseinandersetzungen, ein paar Partien Schach, eine Scheidung. Nicht viel.

«Ich frage mich, ob er herkommt», sagte Arndt Theissen.

«Warum sollte er?»

«Vielleicht will er seine Mutter sehen. Oder seinen Anwalt. Oder die Frau.»

«Vielleicht.» Martensen versuchte, sich an die Frau zu erinnern, aber es gelang ihm nicht. Er hatte vieles vergessen, was mit Janisch und dem Mord zusammenhing, im Gegensatz zu Arndt Theissen, der sich wenige Wochen vor dem Mord ans LKA Berlin beworben hatte. Aber dann hatte er bei den Pressekonferenzen keine gute Figur abgegeben, und außerdem waren sie Janisch ein, zwei Tage zu spät auf die Spur gekommen. Die Bewerbung war abgelehnt worden, und Arndt Theissen war in Meinbrunn geblieben.

«Red mit ihnen. Frag sie, ob er sich gemeldet hat. Ob sie wissen, was er vorhat.»

«Gut», sagte Martensen und ließ sich die Telefonnummern und Adressen diktieren. Jenseits der Glasscheibe griff sein Sohn nach dem Bier, lehnte sich zurück und prostete ihm zu. Martensen nickte lächelnd. Er dachte an den weißen Läufer und fragte sich, ob er noch etwas übersehen hatte, sein Sohn wirkte mit einem Mal sehr entspannt.

«Sag ihnen, sie sollen aufpassen.»

«Aufpassen?»

«Aber mach ihnen keine Angst.»

Martensen überlegte einen Moment. «Vielleicht will er Vergebung.»

«Natürlich.»

«Vielleicht bereut er es. Kommt doch vor.»

«Natürlich», wiederholte Arndt Theissen.

Während Martensen in den Wintergarten zurückkehrte, ging ihm Arndt Theissens Andeutung durch den

Kopf. Der Anwalt hatte den Fall verloren, die Mutter hatte sich öffentlich von ihrem Sohn abgewandt, die Frau hatte gegen ihn ausgesagt. Falls Janisch kam, dann deshalb? Weil er sich rächen wollte?

Sein Sohn unterdrückte ein Lächeln, und Martensen setzte sich auf den Korbstuhl, blickte unruhig auf seine beiden Türme und den weißen Läufer und fragte sich erneut, ob er noch etwas übersehen hatte. Und so war es, wenige Züge später war er schachmatt.

Er wollte mit Rendsbach, dem ehemaligen Anwalt von Janisch, beginnen, doch im Büro war besetzt, und zu Hause erreichte er nur den Anrufbeantworter. Rendsbach war längst kein Anwalt mehr, er war jetzt Personalmanager bei Aldi Nord, der Fall Janisch hätte sein Sprungbrett sein sollen, der Beginn einer großen Karriere, es war anders gekommen. Der Fall Janisch war aussichtslos gewesen, kein Anwalt hätte ihn gewonnen, doch jeder andere Anwalt hätte das von Anfang an gewusst und es vielleicht mit verminderter Schuldfähigkeit versucht oder Janisch wenigstens dazu gebracht, Reue zu zeigen. Rendsbach hatte ihn für unschuldig erklärt und vor den Medien den Entrüsteten gegeben. Ein Polizeikomplott, ganz offensichtlich. Man suche einen Sündenbock, weil man die Ermittlungen verpfuscht habe. Nach dem Urteil waren Rendsbach die Mandanten weggeblieben. Er war aus Meinbrunn fortgezogen, ein Jahr später zurückgekehrt, selbst in Kanzleien in Hamburg und Berlin, hatte Martensen gehört, sei Rendsbachs Name mit dem Fall Janisch verbunden gewesen.

Martensen wartete zehn Minuten und versuchte es dann erneut mit dem Privatanschluss. Diesmal hob Rendsbach ab.

«Wüsste trotzdem gern, worum's geht», sagte er.

«Nicht am Telefon.»

Rendsbach grunzte. «Von mir aus, kommen Sie rüber. Aber erst in einer halben Stunde.»

Rendsbach wohnte nicht schlecht, er hatte irgendwann geerbt, eine ehemalige Mühle am Fluss westlich des Ortes inmitten eines Birkenwäldchens. Doch er ließ die Mühle, hieß es, verkommen, wie er selbst verkam.

Martensen wartete nahe der Abzweigung von der Bundesstraße im grauen Schneematsch. Zwanzig Minuten nach dem Telefonat verließ ein silberfarbener rostiger Golf den Mühlengrund. Hinter den beschlagenen Scheiben war langes blondes Haar zu erkennen. Eine schmale Hand wischte hektisch über das Seitenfenster, und es sah aus, als winkte sie Martensen.

Rendsbach öffnete im Morgenmantel. Er war unrasiert, stank nach Bier und Schweiß. «Und?», fragte er. «Gefällt sie Ihnen?»

Martensen lachte verlegen.

«Eine Kollegin. Will mich heiraten. Ich sage: Und was erzähl ich dann den anderen?» Rendsbach grinste und warf die Tür zu. «Wie geht's der Frau Gemahlin?»

Martensen antwortete nicht. Rendsbach musste wissen, dass seine Frau mit seinem Sohn fortgegangen war. Jeder in Meinbrunn wusste es. Man kannte sich, man wusste Bescheid.

Das Erdgeschoss der Mühle bestand aus einem einzigen Raum, der im Chaos versank. Martensen ließ den Blick über das Zimmer gleiten, das Diele, Küche, Ess- und Wohnzimmer in einem war. Auf dem Boden lagen Kleidung, Zeitungen, Pizzakartons, verschmutztes Geschirr. Aufgerissene Chips-Packungen, Aldi-Tüten, Wollmäuse. Ein Liebesnest aus eingerissenen Sofakissen, benutzte Kondome.

Rendsbach zuckte die Achseln. «Die Putze kommt erst morgen.»

«Janisch ist raus», sagte Martensen.

«Ach du Scheiße.» Rendsbach setzte sich ächzend auf eines der Sofakissen. Der Bademantel klaffte auf, es schien ihn nicht zu kümmern. Er trug Boxershorts mit Donald-Duck-Motiv und großen feuchten Flecken, und sein Bauch war schwabbelig und offensichtlich rasiert. «Kaum zu glauben.»

«Irgendwann kommt man eben wieder raus», sagte Martensen, während er sich nach einem freien Stuhl am Esstisch umsah. Da er keinen fand, blieb er stehen.

«*Fünfzehn Jahre* ist das jetzt her.»

«Vierzehn. Eins haben sie ihm wegen guter Führung erlassen.»

«Vierzehn Jahre.» Rendsbach starrte vor sich hin. Er schien in sich zusammengefallen zu sein, als hätte er erst in diesem Moment begriffen, dass er seit damals vierzehn Jahre älter geworden war.

«Die Frage ist, ob er herkommt.»

Rendsbach erhob sich mit einiger Mühe, trat an eine alte Kommode und zog eine Schublade auf. «So holt einen die Vergangenheit ein, was?», sagte er und klang schon wieder energischer.

Martensen schwieg.

«Hätte ja nicht gedacht, dass Sie Ihren Job behalten.»

Martensen trat an einen Stuhl, legte ein zusammengeknülltes, feuchtes Hemd auf den Tisch und setzte sich.

«Scheiße», murmelte Rendsbach. Er hatte alle Schubladen der Kommode durchgesehen und wandte sich jetzt einem Regal mit überfüllten Böden zu. «Ich meine, erst verhaften Sie den Vater des toten Jungen, und dann verhaften Sie den armen Polen, und dann haut Ihnen Janisch ab.»

«Ja», sagte Martensen müde. Er wusste, dass Rendsbach recht hatte. Sie hätten die Tatwaffe früher identifizieren müssen, sie hätten die richtigen Fragen stellen müssen, sie hätten vieles anders machen müssen. Der Gerichtsmediziner war in Bezug auf die Tatwaffe ratlos gewesen, ein länglicher Gegenstand mit scharfer Seite und stumpfer Spitze. Drei Tage hatte es gedauert, bis Martensen darauf gekommen war, dass es sich um ein spezielles Messer für die Pflege von Pferdehufen gehandelt hatte. Janisch musste mit großer Wucht zugestochen haben, sonst wäre die umgebogene Spitze nicht in den Bauch des Opfers eingedrungen.

«Die hätten niemanden gehabt für Ihre Stelle, was? Wer geht schon freiwillig nach Meinbrunn.» Rendsbach lachte.

«Ja», sagte Martensen erneut. Er blickte aus dem Fenster. Die Birken warfen lange, schmale Schatten auf den Schnee, es sah beinahe aus wie ein verzerrtes Schachbrett oder wie ein Spinnennetz ohne jegliche Symmetrie. Er dachte an seinen Sohn und dass er jetzt gern bei ihm wäre und mit ihm Schach spielen würde, selbst wenn er wieder verlöre. Hier, bei Rendsbach, fühlte er sich ein wenig ... verirrt. Verirrt in einem willkürlich geknüpften Spinnennetz, dessen Fäden ins Nirgendwo liefen, nicht einmal im Kreis.

«Sie glauben also, dass er herkommt und sich rächen will», sagte Rendsbach.

Martensen zuckte die Achseln, ohne den Blick von dem Schattenmuster abzuwenden. «Möglich wäre es.»

Als er ein metallenes Klicken hörte, sah er zu Rendsbach hinüber, der eine kleine silberfarbene Automatikpistole in der Hand hielt. «Na, dann soll er es mal versuchen.» Rendsbach grinste. «Schützenverein.»

Martensen nickte. «Aufpassen. Sonst sind *Sie* wegen Mordes dran.»

«Wenn Sie die Ermittlungen leiten, mache ich mir keine Sorgen.»

Martensen schnaubte durch die Nase, stand auf und ging zur Tür. «Sie haben nie geglaubt, dass er unschuldig ist, oder?»

«Keine Sekunde», sagte Rendsbach.

Martensen nickte erneut. Eigentlich, dachte er, hatte nicht er sich in dem Spinnennetz verirrt, sondern Rendsbach, nur besaßen Männer wie er die Gabe, ihn glauben zu machen, dass es umgekehrt wäre.

«Übrigens», sagte Rendsbach, als Martensen schon draußen stand und die frische, kalte Luft in seine Lungen sog, «kleiner Hinweis unter Freunden: Er war sauer auf Sie.»

«Auf mich?»

«Aber *richtig* sauer.» Rendsbach nickte. «Irgendjemand muss verantwortlich sein, wenn man nicht selbst verantwortlich sein will.»

Auf der Fahrt zu Janischs Mutter dachte Martensen über diesen Satz nach, und er dachte auch noch einmal über das Spinnennetz nach. Seine Frau hatte ihm oft vorgeworfen, er sitze nur da und lasse die Dinge geschehen, ohne die Initiative zu ergreifen. Auf der anderen Seite kam er sich nun vor wie ein Mensch, der sich, möglicherweise schon vor langer Zeit, verirrt hatte. Konnte man sich verirren, indem man nichts tat?

Vor dem Haus von Janischs Mutter rief er Arndt Theissen über Funk an und berichtete von dem Gespräch mit Rendsbach.

Arndt Theissen hatte Neuigkeiten. «Er kommt», sagte er. Ein Wärter habe Janisch ein paar Tage vor dessen Entlassung gefragt, was er nun tun werde. Janisch habe erwidert, er werde erst einmal nach Hause fahren.

Sie schwiegen einen Augenblick lang. Dann sagte

Arndt Theissen, er werde die Richterin und den Staatsanwalt darüber informieren, dass Janisch komme und niemand wisse, was er vorhabe, und dass man wohl mit allem rechnen müsse. «Ruf mich an, wenn du mit der Mutter gesprochen hast.»

«Ja», sagte Martensen. Er stieg aus und ging auf das schmale dreistöckige Klinkergebäude zu. Der Prozess hatte in Lübeck stattgefunden, und er glaubte eigentlich nicht, dass Janisch, falls er sich tatsächlich rächen wollte, die Richterin oder den Staatsanwalt von damals aufsuchen würde. Richter und Staatsanwälte waren austauschbar, dachte er, sie waren abstrakt. Falls Janisch jemanden suchte, dem er die Verantwortung geben konnte, würde er doch eher jemanden nehmen, der für ihn konkret war. Der in den Fall verwickelt war und dem gegenüber er Hass empfinden konnte. Den karrieresüchtigen Anwalt, der weniger an ihn als an sich selbst gedacht hatte. Die Frau, deretwegen er getötet und die gegen ihn ausgesagt hatte. Die Mutter, die ihn verstoßen hatte.

Den Polizisten, der, wenn auch spät, auf die entscheidende Spur gestoßen war und ihn verhaftet hatte?

Martensen klingelte, und während er vor der Tür stand und wartete, nahm er die Geräusche der Straße hinter sich plötzlich überdeutlich wahr – vorbeifahrende Autos, Schritte, Stimmen, ein klapperndes Fahrrad, ein klingelndes Mobiltelefon. Scharf und beinahe schmerzhaft drangen sie in sein Gehör, und ihm wurde bewusst, dass er zu atmen aufgehört und dass sich sein Herzschlag beschleunigt hatte, und so drehte er sich um und wartete mit dem Rücken zur Tür.

Martensen hatte sich ein paar Sätze und Fragen zurechtgelegt und noch nicht den Mut gefunden, sie auszusprechen. Er saß Rosemarie Janisch im Halbdunkel des Wohnzimmers gegenüber. Das Licht war ausgeschaltet, Lamellenjalousien hielten die Sonne draußen, und er fragte sich, ob die Jalousien jemals hochgezogen wurden, ob Rosemarie Janisch nicht seit Jahren im Halbdunkel lebte. Auch die Straßengeräusche waren draußen geblieben, hier drinnen herrschte vollkommene Stille, nur ihrer beider Atem war zu hören und hin und wieder aus der Küche ein Knacken, das Martensen aus seiner Küche kannte, wenn der heiße Ofen allmählich abkühlte.

«Jetzt ist der Tag also gekommen», sagte Rosemarie Janisch, und ihre Stimme klang leise, aber fest. Martensen versuchte, in ihrem Gesicht eine Regung zu erkennen, doch es war zu dunkel, er sah nur ihren schmalen, aufrechten Körper und ihre hellgrauen kurzen Locken, alles andere verbarg die Dunkelheit. «Ich danke Ihnen, dass Sie es mir gesagt haben.»

Martensen räusperte sich. «Möglicherweise ist er auf dem Weg hierher.»

«Er hat immer das Falsche getan. Er wollte immer bei denen sein, die ihn nicht wollten. Das hat ihn ins Gefängnis gebracht. Natürlich wird er herkommen.»

«Wäre es möglich, dass er kommt, um sich … zu rächen?»

«An mir? Oder an dem Mädchen?» Martensen antwortete nicht, und Rosemarie Janisch zuckte die Achseln. «Ich weiß nicht, was in ihm vorgeht. Ich habe seit vierzehn Jahren nicht mit ihm gesprochen.»

«Hat er Ihnen geschrieben?»

«Anfangs. Später nicht mehr. Nachdem ich ihm geschrieben hatte, dass ich keinerlei Kontakt zu ihm will.»

«Was hat er geschrieben? Ich meine, hat er bereut, was er getan hat?»

«Ich habe keinen seiner Briefe gelesen.»

«Haben Sie sie aufbewahrt?»

Rosemarie Janisch stieß ein verwundertes Lachen aus. «Nein.»

Martensen schwieg.

«Er hat einen *Menschen* getötet, Herr Martensen, und damit wenige Monate später auch seinen Vater ins Grab gebracht. Er hat jedes Recht auf Mutterliebe verwirkt. Das war damals so, und das ist heute nicht anders.» Rosemarie Janisch hatte die Stimme nicht erhoben, aber die Bitterkeit und die Trauer darin waren deutlich zu hören.

Martensen nickte und wandte den Blick ab und dachte nach, während er zu erkennen versuchte, was sich im Halbdunkel jenseits der Couch und des Tischchens befand. Er machte nur Konturen von Möbelstücken aus dunklem Holz aus, Regale, ein Sideboard. Ihm wäre wohler gewesen, wenn Rosemarie Janisch ihrem Sohn verziehen hätte, denn man musste davon ausgehen, dass Janisch zuerst sie kontaktieren würde. Aber sie würde ihn zurückweisen, vielleicht nicht einmal mit ihm telefonieren wollen, und was würde Janisch dann tun?

«Ich kann Ihnen nicht sagen, was er vorhat», sagte Rosemarie Janisch, als hätte sie seine Gedanken gelesen. «Vor vierzehn Jahren habe ich vor Ihnen geschworen, dass er niemals fähig wäre, einen Mord zu begehen. Ich habe mich getäuscht, obwohl ich dachte, ich würde ihn kennen. Jetzt kenne ich ihn nicht mehr. Ich habe keine Ahnung, was ihm zuzutrauen ist und was nicht.»

Martensen nickte wieder. Ihm war erst jetzt bewusst geworden, dass er schon in diesem Zimmer gewesen sein musste, zwei-, dreimal, zusammen mit Arndt Theissen oder einem anderen Kollegen. Wieder dachte er irritiert, dass er vieles von dem vergessen hatte, was geschehen war, als wäre es nicht wichtig gewesen, dabei *war* es doch wichtig gewesen. Maß er dem, was geschah, nicht genug Bedeutung bei? «Falls er Kontakt aufnimmt, informieren Sie uns bitte», sagte er und stand ein wenig abrupt auf, er wollte hinaus ans Licht.

Auf dem Weg durch das Wohnzimmer und den langen, schmalen Flur wartete er auf die Erinnerung, auf das Gefühl, dass ihm die Wohnung zumindest ansatzweise bekannt erschien, aber das Gefühl stellte sich nicht ein. Es kam ihm vor, als wäre er heute zum ersten Mal hier.

«Danke, dass Sie gekommen sind», sagte Rosemarie Janisch an der Tür erneut, und sie reichten sich die Hand. Martensen hörte, dass die Tür von innen mehrfach verschlossen wurde. Kurz darauf trat er mit langsamen

Schritten auf den Gehweg ins Licht und sah sich um. Die Hand hatte er auf das Pistolenholster an seinem Gürtel gelegt.

Im Auto überlegte er, ob er die Frau – Ina Gerbeit – anrufen oder einfach zu ihr fahren sollte. Es war nicht weit, also beschloss er, nicht anzurufen. Stattdessen rief er Arndt Theissen an und erzählte von seinem Gespräch mit Rosemarie Janisch.

«Er müsste längst hier sein», murmelte Arndt Theissen.

«Hast du die Hotels überprüft?»

Arndt Theissen schien die Frage nicht gehört zu haben. «Wie lange braucht man mit dem Zug von Berlin hierher? Zwei Stunden. Drei, wenn's hochkommt. Heute Morgen haben sie ihn rausgelassen. Vor *sechs* Stunden.»

«Vielleicht ist er vorher noch woandershin.»

«Verflucht», sagte Arndt Theissen.

«Was ist mit den Hotels?»

«Nichts. Keine Reservierung.»

Arndt Theissen hatte Kripokollegen bei Rendsbachs Mühle sowie vor den Wohnungen von Rosemarie Janisch und Ina Gerbeit postiert. Und er hatte jemanden zu dem verfallenen ehemaligen Reiterhof zehn Kilometer nördlich von Meinbrunn geschickt, wo Martensen Janisch damals gefunden hatte. An diese Minuten hatte er ebenfalls kaum Erinnerungen, dabei war es der erste und einzige Mordfall in seiner Zeit bei der Kripo in Meinbrunn gewesen. Nur vage sah er den aufgegebenen Hof vor sich, Janisch, den er auf dem Heuboden einer Scheune entdeckt und der geschwiegen und auf dem Rückweg in die Stadt geweint hatte.

Martensen fand einen Parkplatz unmittelbar hinter dem Zivilfahrzeug der Kollegen. Sie begrüßten einander unauffällig, dann wandte er sich dem Haus zu, in dem Ina Gerbeit wohnte. Arndt Theissen hatte gesagt, dass sie mit einer Freundin zusammenlebe, nie geheiratet habe und seit dem Mord in psychotherapeutischer Behandlung sei.

«Kripo?», fragte die Freundin.

Ina Gerbeit, die hinter ihr im Flur stand, sagte nichts. Martensen spürte, dass sie ihn erkannt hatte. Sie sahen sich an, während die Freundin die Tür schloss, und dann gingen sie in die Küche, wo es nach Kaffee und Kuchen roch. Als Ina Gerbeit sich geräuschlos an den Tisch setzte, kamen plötzlich Erinnerungen hoch. Sie war damals zwanzig gewesen, ein impulsives Mädchen mit roten Haaren und großen Augen, die im einen Moment entsetzt und im anderen zornig und im nächsten verängstigt wirken konnten, und Martensen erinnerte sich, dass er Janischs verzweifelte Liebe zu ihr verstanden hatte. Mittlerweile waren die roten Haare deutlich grauer, und die Augen waren klein und müde und ein wenig stumpf. Auch das verstand Martensen. Ina Gerbeit hatte die Leiche ihres Freundes gefunden, der ermordet worden war, weil sie ihn geliebt hatte.

«Ist es so weit?», fragte Ina Gerbeit.

«Ja», sagte Martensen.

«Aber es sind doch erst vierzehn Jahre ...»

«Sie haben ihm eins erlassen.»

Die Freundin schenkte Martensen Kaffee ein und stellte einen Teller mit einem Stück Pflaumenkuchen vor ihn, und dann sagte sie: «Er wird es nicht wagen, herzukommen.»

«Möglich wäre es schon.» Martensen blickte auf den Kuchen, und ihm fiel ein, dass er für sich und seinen Sohn einen tiefgekühlten Apfelkuchen gekauft hatte und dass sein Sohn morgen Abend wieder fort wäre und zwei, drei Monate vergehen würden, bis er wieder Lust hätte, ein Wochenende beim Vater zu verbringen. Zwei, drei Monate, in denen Martensen wieder allein wäre. Zum ersten Mal graute ihm davor.

«Dann fahren wir», sagte die Freundin.

«Ja», murmelte Ina Gerbeit, die in sich zusammengesunken dasaß. Martensen ertappte sich bei dem Gedanken, dass er gern zu ihr gegangen wäre und sie berührt hätte, ihr über den Kopf oder die Wange gestreichelt hätte. Wieder sah er das impulsive Mädchen von einst vor sich, die langen roten Haare, und er glaubte sich an ein lebendiges, fröhliches Lachen zu erinnern, vor dem Mord, im Supermarkt, auf der Straße, einmal in der Kirche, und plötzlich fehlte ihm dieses Lachen.

«Weiß er, wo Sie jetzt wohnen?»

«Er kann es herausfinden.»

«Lassen Sie mir eine Telefonnummer da, dann rufe ich

Sie an, wenn wir wissen …» Martensen brach ab, weil das Handy in seiner Jackentasche zu läuten begann, und er entschuldigte sich und stand auf. Es war Rosemarie Janisch, ihr Sohn hatte eben angerufen, er war in Meinbrunn, sie hatte aufgelegt, er hatte es ein zweites Mal versucht, da hatte sie den Stecker aus der Dose gezogen. «Ja», sagte Martensen und schaute Ina Gerbeit an, und ein kalter Schauer lief ihm über den Nacken. Er sah Ina Gerbeit aufspringen und hinauslaufen und hörte die Freundin fluchen, dann folgte sie ihr.

Während Ina Gerbeit und ihre Freundin packten, saß Martensen am Küchentisch. Er hatte den Kaffee und den Kuchen nicht angerührt, obwohl er Lust gehabt hätte. Aber er fand es ungehörig in dieser Situation.

Er war noch immer nicht davon überzeugt, dass Janisch sich rächen wollte, doch er wollte keinen Fehler begehen, er hatte in Bezug auf Janisch damals genug Fehler begangen. Erst hatte er zwei Unschuldige verhaftet, dann, nachdem sie endlich durch einen Hinweis von Ina Gerbeit auf Janisch gekommen waren, hatte er nicht schnell genug gehandelt und ihm damit die Möglichkeit gegeben zu fliehen, und dann hatte er zwei Tage gebraucht, um Janischs Eltern die richtigen Fragen zu stellen. Er hatte sich von Janischs Jugend und Kindheit erzählen lassen und erfahren, dass er als Kind nach Pferden verrückt gewesen sei und als Jugendlicher oft allein Tages- oder sogar Wochenendausflüge auf dem Pferd gemacht habe. Stunden-, manchmal tagelang sei er über das

Land geritten, habe in Scheunen im Heu oder an Flüssen in der Sonne geschlafen. Martensen hatte sich in einem Geschäft für Reitzubehör umgesehen und war dort auf die Hufmesser mit der umgebogenen Spitze gestoßen, und dann war er zu dem alten Reiterhof gefahren, den er von einem Jahre zurückliegenden Erbschaftsstreit her kannte, und dort hatte er Janisch gefunden.

«Wir sind so weit», sagte Ina Gerbeit. Sie stand in der Küchentür, schon in Mantel und Schuhen, auf dem Kopf hatte sie eine graue Wollmütze.

Martensen erhob sich und deutete fragend auf den Kaffee und den Kuchen, die er nicht angerührt hatte, man konnte das nicht stehenlassen, es würde doch schimmeln.

«Nehmen Sie den Kuchen mit», sagte Ina Gerbeit.

«Gern.» Martensen sah zu, wie sie das Kuchenstück hektisch in Frischhaltefolie wickelte, und wieder dachte er, wie gern er sie berühren würde, sie halten und sagen würde, dass alles gut werde, und selbst ein bisschen daran glauben. Aber er tat es nicht, sagte nur: «Warum sind Sie damals eigentlich in Meinbrunn geblieben?»

Ina Gerbeit antwortete nicht. Er spürte, dass sie kurz davor stand, die Fassung zu verlieren, und so schwieg er, bis sie im Flur waren, dann setzte er hinzu: «Sie sollten nicht zurückkommen.» Wieder sagte Ina Gerbeit nichts, sie sah ihn auch nicht an.

Schweigend eilten sie die Treppen hinunter, Martensen voran, in der einen Hand den Kuchen, in der anderen einen Koffer. Im grellen Sonnenlicht draußen kniff er die Augen zusammen, und es dauerte einen Moment, bis er mehr erkannte als Schatten und Bewegungen, ein merkwürdiger Moment, hektisch und beinahe panisch, und ihm wurde klar, dass er schon wieder einen Fehler begangen hatte, er hatte sich von der Angst anstecken lassen. Er legte den Koffer auf die Rückbank eines kleinen alten Fiats, dann hielt er Ina Gerbeit die Beifahrertür auf und sagte: «Rufen Sie mich an.»

Sie nickte.

«Sie sollten nicht zurück ...»

«Ja», rief Ina Gerbeit gequält, und dann zog sie die Tür zu.

Martensen bedeutete den Kollegen, dass sie dem Fiat folgen sollten. Während er den beiden Autos nachsah, dachte er, dass Ina Gerbeit nicht die Kraft hatte fortzugehen. Was geschehen war, hatte ihr alle Kraft genommen, und die Erinnerung war ihr Gefängnis.

Martensen setzte sich in seinen Wagen und telefonierte mit seinem Sohn und mit Arndt Theissen, dann aß er den Kuchen und überlegte währenddessen, was er an Janischs Stelle tun würde, wo *er* nun hingehen würde. Er wischte sich eben mit einem Taschentuch den Mund ab, als ihm bewusst wurde, dass es noch einen Ort gab, wo Janisch sein konnte, noch jemanden, den er vielleicht aufsuchen wollte, ganz abgesehen von Rendsbach, der Mutter und Ina Gerbeit. Er wendete und verließ Meinbrunn in Richtung Süden und bog nach wenigen Kilometern auf eine schmale Teerstraße ab, die durch schneebedeckte

Felder führte und sich dann einen Hügel hochschlängelte. Schon von weitem bemerkte er oben auf der Kuppe, vor dem Eingang zum Friedhof, ein im Sonnenlicht leuchtendes grünes Auto, der einzige Farbklecks in der Schneelandschaft, und als er schließlich erkannte, dass es ein Hamburger Kennzeichen hatte, dachte er, dass er vielleicht richtiglag.

Janisch hatte einen Plastikstuhl zum Grab seines Vaters getragen und saß, auf die Ellbogen gestützt, da, als hielte er Zwiesprache mit dem Toten. Der Friedhof war menschenleer, Martensen sah lediglich eine graue Katze und ein paar Raben, in der Ferne hörte er Autos fahren, und manchmal pfiff der Winterwind in den kahlen Bäumen. Seine Schritte knirschten laut im Schnee, und Janisch drehte den Kopf und blickte ihm entgegen. Er wirkte mager und blass, seine Wangen waren eingefallen und seine Haare kurz geschoren. Martensen blieb zwei Meter von ihm entfernt stehen, und sie sahen sich eine Weile an, dann wandte Janisch sich wieder dem Grab zu. Er kam Martensen nicht bedrohlich vor, nur einsam und niedergeschlagen und verloren auf diesem Friedhof.

«Hat *sie* Sie geschickt?», fragte Janisch und nickte in Richtung des Grabsteins.

Martensen folgte seinem Blick. PETER JANISCH, 1943–1994, FÜR IMMER DEIN – ROSEMARIE, stand darauf. «Nein.»

«Sie will mich nicht sehen. Sie hat mir nicht verziehen.»

«Ich weiß.» Martensen schlug den Mantelkragen hoch, der Wind hier oben war eiskalt. Janisch trug nur einen Sommerblouson und Turnschuhe, und seine Ohren und seine Hände waren von der Kälte gerötet. «Ich habe Handschuhe und einen Schal im Wagen», sagte Martensen.

«Es geht schon, danke.»

Sie schwiegen. Die Katze tauchte jenseits des Grabes in Martensens Blickfeld auf und näherte sich ihnen zögernd. Als Martensen sprach, blieb sie stehen und starrte ihn an. «Was haben Sie jetzt vor?»

Janisch antwortete nicht, stattdessen sagte er: «Lebt Ina noch hier?»

«Warum?»

Janisch sah ihn an. «Sie haben mit ihr gesprochen?»

Martensen erwiderte den Blick, aber er schwieg.

«Na ja», sagte Janisch und wandte sich ab.

«Sie ist fort. Und Sie sollten auch fortgehen.»

Janisch nickte nachdenklich. Dann erhob er sich abrupt, und Martensen wich genauso abrupt einen Schritt zurück, und seine Hand flog zum Holster. Überrascht hielt Janisch inne. Dann lachte er und sagte: «Einmal Mörder, immer Mörder, was?»

Martensen antwortete nicht, er wusste nicht, was er sagen sollte. Er dachte, dass er so tat, als wäre er Herr der Situation, aber er war es nicht, ganz einfach weil er nicht wusste, wie er mit Janisch und alldem umgehen sollte.

«Na ja», sagte Janisch erneut und wandte sich zum

Ausgang, und Martensen folgte ihm langsam und fragte erneut:

«Was haben Sie jetzt vor?»

Janisch wandte den Kopf zur Seite, er schien in Richtung Meinbrunn zu sehen, das außerhalb ihres Blickfeldes unten in der Ebene lag. Dann sah er wieder nach vorn, und sie gingen weiter, und wieder tauchte die Katze auf, sie lief ein paar Meter entfernt neben ihnen her.

«Janisch», sagte Martensen, und erneut antwortete Janisch nicht.

Sie verließen den Friedhof, traten zu den Autos. Janisch wandte sich um und sagte: «Werden Sie mir folgen? Sind Sie mein Aufpasser? Mein Wärter in Meinbrunn?»

«Vielleicht», erwiderte Martensen.

«Kann ich nicht gehen, wohin ich will?»

«Im Grunde schon. Es sei denn, Sie wollen zu Ihrer Mutter oder zu Ina Gerbeit.»

Janisch machte eine abwehrende Handbewegung, die alles und nichts bedeuten konnte.

Erst jetzt fiel Martensen auf, dass Janischs grüner Opel neu war, nicht älter als ein paar Monate, und er fragte sich, wie es möglich war, dass Janisch wenige Stunden nach seiner Haftentlassung schon ein neues Auto fuhr.

Janisch war seinem Blick gefolgt. «Gestohlen.» Er lachte, ein kurzes, hartes Lachen, und Martensen wusste nicht, ob er ihn ernst nehmen sollte. Er sah in das Auto hinein, auf dem Beifahrersitz lag die Broschüre einer Mietwagenfirma, was nicht alles erklärte. Janisch hatte keinen Wohnsitz, sicherlich keine Kreditkarte, keine gültige EC-Karte, vielleicht war auch sein Führerschein nicht mehr gültig, wie sollte er also am Tag seiner Entlassung ein Auto gemietet haben?

«Und jetzt?», fragte Janisch.

Martensen spürte, dass Janisch mit ihm spielte und dass ihn das ärgerte, weil er nicht wusste, wie er reagieren sollte. Im selben Moment klingelte sein Handy, es war Arndt Theissen, und Martensen sagte erleichtert: «Er ist hier, bei mir, wir stehen vor dem Friedhof.» Er gab das Nummernschild des Wagens durch und bat Arndt Theissen, sich bei der Mietwagenfirma zu erkundigen, und dann sagte er: «Wir kommen ins Präsidium.»

«Nein», sagte Janisch.

«Schick mir eine Streife», sagte Martensen ins Handy und beendete das Gespräch.

«Nein», wiederholte Janisch.

«Niemand will Sie hier haben», sagte Martensen, «Ihre Mutter nicht, Ina Gerbeit nicht. Sie haben Angst vor Ihnen, und sie haben Ihnen nicht verziehen. Das wissen Sie, trotzdem sind Sie hier.»

Wieder blickte Janisch in Richtung Meinbrunn, das von hier aus zu sehen war, ein kleines, rötlich schimmerndes Städtchen an einem schmalen Fluss, im Westen von der alten Stadtmauer begrenzt, im Osten in trägen Vorortstraßen auslaufend. Martensen wartete, doch Janisch schwieg, sah nur weiterhin auf Meinbrunn hinunter, und auch dieser Blick konnte alles und zugleich nichts bedeuten.

«Ich mache Ihnen einen Vorschlag», sagte Martensen. «Sie steigen ein, fahren zurück nach Hamburg und dann nach Berlin oder sonst wohin und kommen nie wieder. Sie lassen die Menschen hier in Ruhe, und ich lasse *Sie* in Ruhe.»

Unten, auf der Bundesstraße, war ein Streifenwagen zu sehen, der mit hohem Tempo und Blaulicht fuhr, und jetzt war auch das Martinshorn zu hören. Janisch hatte sich umgedreht, und gemeinsam verfolgten sie den Streifenwagen, der in die schmale Straße einbog, die zum Friedhof hinaufführte.

«Also?», sagte Martensen, und wieder schwieg Janisch.

Eine Bewegung ließ Martensen den Kopf wenden, die graue Katze war auf das Mäuerchen gesprungen, das den Friedhof umgab. Da spürte er einen harten Schlag gegen die Schläfe, und seine Beine knickten ein. Er langte nach der Pistole, aber seine Hand fand den Griff nicht, und er nahm wahr, dass er fiel und dass wenige Meter vor ihm der Streifenwagen zum Halten kam, dann drückte ihn ein schweres Gewicht zu Boden und nahm ihm die Luft zum Atmen, wieder ein Schlag gegen den Kopf und noch einer, dann kullerte ein blutverschmierter Stein vor ihm über den vereisten Boden …

Etwas anderes sah Hans Martensen nicht mehr.

CHRIS MOONEY

Verfluchte Liebe

Darby McCormick betrachtete die Farbfotos vom Tatort, die vor ihr auf dem Küchentisch ausgebreitet waren, und hielt ein schnurloses Telefon ans Ohr gedrückt. Am anderen Ende der Leitung hörte sie Dick Holloway, den Sheriff von New Hampshire. Er nahm offenbar gerade einen tiefen Schluck aus seinem Glas.

Eiswürfel klapperten, als er das Glas absetzte. «Wieso um alles in der Welt wollen Sie zurück in dieses Höllenloch, nach allem, was Sie durchgemacht haben?»

«Es hat mit dem Fall zu tun, an dem ich gerade arbeite», antwortete Darby. Sie schaute aus dem Fenster ihrer Eigentumswohnung und sah, wie einer ihrer Nachbarn einen Weihnachtsbaum ins Haus schleppte. «Erinnern Sie sich an Charlie Scott?»

«Klar. Ich habe bei der Fahndung mitgewirkt. Der Junge war zehn Jahre alt und wohnte mit seinem Vater drüben bei South Chatham im Trailerpark Brushy Mountain. Angeblich hat sich Charlie auf sein Fahrrad gesetzt, ist losgestrampelt und nie wieder aufgetaucht. Das war vor ungefähr fünf Jahren. Sagen Sie nur, Sie haben ihn gefunden.»

«Die Kollegen von der Spurensicherung haben im Keller einen Oberschenkelknochen gefunden, vergraben im Lehmboden. Der Knochen gehört einer männlichen Person zwischen zehn und fünfzehn Jahren. Um ihn zu identifizieren, gehen wir jetzt alle Vermisstenfälle der vergangenen zwanzig Jahre durch. Wieso sagten Sie, Charlie habe sich *angeblich* auf sein Fahrrad gesetzt?»

«Haben Sie die Akte gelesen?»

«Die liegt mir noch nicht vor, aber ich habe vor ein paar Tagen mit seinem Vater gesprochen. Er wohnt immer noch in diesem Trailerpark.»

«Joe Scott. Hat er sich bei der Polizei gemeldet?»

«Nein, ich habe ihn besucht. Charlies Mutter ist nicht aufzutreiben, und ohne sie können wir keinen DNA-Test machen, um festzustellen, ob es Charlies Knochen ist. Ich wollte seinen Vater fragen, ob er noch alte Sachen von Charlie hat, die DNA-Spuren enthalten könnten. Aber er hatte nur Fotos. Er sagte mir, sein Sohn sei autistisch gewesen.»

«*Schwer* autistisch. Von seiner Geburt an konnte der Junge nicht ertragen, Leute um sich zu haben. Wenn er berührt wurde, egal von wem, flippte er aus. Er hat seine Mutter so oft attackiert, dass sie sich schließlich aus dem Staub gemacht hat. Mit den Jahren wurde er immer aggressiver. Keiner konnte ihn bändigen. Lehrer, die versuchten, ihn zur Räson zu bringen, wenn er seine Anfälle hatte, bezogen jede Menge Prügel. Er flog schließlich von der Schule. Joe wollte ihn dann in einer

Sonderschule – in Vermont, glaube ich – unterbringen, konnte sich das Schulgeld aber nicht leisten und unterrichtete ihn schließlich selbst. Nachts legte er noch eine dritte Schicht in der Papierfabrik ein.»

«Und musste seinen Sohn dann allein zurücklassen», ergänzte Darby.

«Hat Joe Ihnen von Dina Adams erzählt?»

«Der Name sagt mir nichts.»

«Dina war eine pensionierte ältere Frau, die ebenfalls im Trailerpark wohnte und nachts auf Charlie aufpasste, umsonst. Für Joe war sie wie ein Engel. Alles schien in Butter, bis sie eines Nachts Charlie dabei erwischte, wie er aus dem Schlafzimmerfenster steigen wollte. Das war, glaube ich, kurz vor seinem zehnten Geburtstag; er hatte zu dieser Zeit plötzlich Gefallen daran gefunden, nachts auf seinem Fahrrad durch die Gegend zu fahren. Als sie einzuschreiten versuchte, rammte ihr der Bengel das Schiebefenster auf die Hand und brach der Alten fast sämtliche Finger. Nachbarn hörten ihre Schreie, und als die den Jungen endlich aufhalten konnten, hatte er Dina auch noch Nase und Kiefer gebrochen. Nach dieser Episode war natürlich niemand mehr bereit, auf Charlie aufzupassen. Joe aber musste weiterhin arbeiten, um für die Brötchen zu sorgen. Was blieb ihm anderes übrig? Ich halte mich mit Urteilen zurück. Als Außenstehender hat man immer gut reden.»

«Er sagte mir, er sei von der Schicht nach Hause gekommen, habe das Bett des Jungen leer vorgefunden und angenommen, dass er wieder mit seinem Fahrrad unterwegs sei. Als Charlie am Abend immer noch nicht zurück war, hat Joe angeblich die Polizei angerufen.»

«So war's auch, wenn ich mich richtig erinnere. Aber Sie haben mir immer noch nicht erklärt, warum Sie unbedingt zu dieser Farm zurückmüssen.»

«Ich vermute, dass Charlie Scott dort begraben liegt.»

«Die Spurensicherung hat gründliche Arbeit geleistet und alles durchgekämmt.»

Nein, nicht alles, dachte Darby mit Blick auf eine Nahaufnahme der Rückwand einer Zelle mit Lehmboden. «Morgen früh werde ich mir als Erstes das Haus noch einmal ansehen.»

«Es wird schneien wie verrückt. Wenn man unseren Wetterfröschen glauben kann, sollen bis Mittag an die zwanzig Zentimeter gefallen sein. Sagen Sie mir, wonach Sie suchen. Dann fahr ich gleich rüber und nehme Ihnen die Arbeit ab. Es wäre mein vorgezogenes Weihnachtsgeschenk für Sie.»

«Nicht nötig, ich schaffe das schon.»

«Ich kann Sie also nicht davon abhalten?»

«Was glauben Sie?»

«Dass Sie verdammt stur sind.»

«Danke für das Kompliment.»

«Gern geschehen.» Die Eiswürfel klapperten wieder. «Gegen acht soll der Schneesturm ziemlich ungemütlich werden. Ich schlage vor, Sie treffen mich um sechs vor unserer Dienststelle. Ich warte in meinem Pick-up auf Sie.»

«Ihr Wagen ist kirschrot. Erinnere ich mich da richtig?»

«Ja.»

«Hübsch. Und was für ein Auto fährt Ihr Gatte?»

«Wir sehen uns um sechs», entgegnete Holloway und legte auf.

Es wurde gerade hell, als Darby auf den Parkplatz der Polizeidienststelle einbog. Nach drei Stunden am Steuer taten ihr die Unterarme weh, so fest hatte sie das Lenkrad im Schneesturm gepackt halten müssen. In Boston hatte es nur leicht geschneit, aber schon an der Grenze zu New Hampshire waren von einem ausgewachsenen Sturm Massen von Schnee über den Highway geschleudert worden.

Sie entdeckte Holloways grellroten Truck vor dem Eingang zur Dienststelle. Sie fuhr neben ihn, ließ den Motor laufen und stieg aus.

Durch das Fenster auf der Beifahrerseite sah sie Holloway hinter dem Steuer sitzen. Er las den Sportteil der Zeitung und paffte eine dicke, lange Zigarre, die zwischen den Schneidezähnen steckte. Das letzte Mal hatte sie ihn in der Nacht gesehen, als sie aus dem Keller geflohen war. Er wirkte kaum verändert: ein Mann mit fassförmigem Rumpf, schütteren grauen Haaren und Blumenkohlohren aus seiner Zeit als Amateurboxer.

Sie öffnete die Tür und stieg ins Fahrerhaus. Holloway blickte grinsend von seiner Zeitung auf. Als er ihr Gesicht sah, wurde seine Miene ernst.

«Ich nehme an, auf der Farm ist der Strom abgeschaltet», sagte Darby.

Holloway nickte. «Das Haus ist verbrettert und zugenagelt.»

Er starrte sie lange an und reichte ihr schließlich den Schlüsselbund. Alle sechs Schlüssel daran waren farbig markiert.

«Soll ich Ihnen Gesellschaft leisten?»

Die halbherzige Frage schaffte es kaum über seine Lippen.

Darby fühlte sich erleichtert. Sie wollte allein sein und niemanden bei sich haben, der mit Adleraugen beobachten würde, wie sie reagierte.

«Danke für das Angebot, aber ich komme allein zurecht.»

Er nickte. «Falls Sie Fragen haben oder doch noch jemanden brauchen – Anruf genügt. Wir, ich oder meine Jungs, sind für Sie da.»

Darby stapfte durch knietiefen Schnee und starrte bergan auf das verfallene, zweihundert Jahre alte Farmhaus, in dem sie vor acht Monaten beinahe umgebracht worden wäre – von Daniel Boyle und dessen Mentor und Mordkomplizen, dem Traveler. Im fahlen Morgenlicht wirkte das Haus mit seinem abblätternden rostroten Anstrich sehr viel kleiner als in ihrer Erinnerung. Weniger bedrohlich. Vor sämtliche Fenster waren dicke Sperrholzplatten genagelt worden. Anstelle der alten Mahagonitür versperrte eine Stahltür in Metallzargen den Eingang, abgesichert mit drei schweren Vorhängeschlössern.

Die Haarrissfraktur in ihrem linken Hüftknochen war immer noch nicht vollständig verheilt. Jeder Schritt tat weh, zumal sie einen schweren Rucksack trug. Vom Arzt waren ihr Krücken verordnet worden, aber die hatte sie im Auto zurückgelassen. Im Schnee konnte sie sie nicht gebrauchen. Auch nicht im Keller.

Am Geländer der Veranda hing das gelbe Absperrband der Polizei in Fetzen und flatterte im Wind.

Im Haus ist nichts, wovor du Angst haben müsstest, versicherte sie sich. *Nichts, das dich verletzen könnte.*

Als sie die Vorhängeschlösser aufsperrte, spürte sie ihre verschwitzte Haut im Nacken prickeln.

Darby öffnete die Tür und sah

(die Axt niederfahren)

in den Flur mit seinen zerkratzten Holzdielen. Die stockfleckige Tapete löste sich von den Wänden. Sie trat ein und machte die Tür hinter sich zu. Vor ihrem Mund kondensierte der Atem zu Dampf. Trübes Tageslicht sickerte durch Spalten und Löcher. Es reichte aus, um sehen zu können.

Die Stahltür am anderen Ende des Flurs hatte zwei Vorhängeschlösser. Beim Aufschließen musste sich Darby die feuchten Hände mehrmals an den Jeans abwischen. Sie schaltete ihre Taschenlampe ein und öffnete die Tür.

Zersplittertes Holz und Schutt lagen auf den ausgetretenen Stufen, die hinab in die schreckliche Dunkelheit führten. Sie blickte nach oben und sah ein Loch in der Decke, das ihr damals nicht aufgefallen war, was aber nicht viel zu bedeuten hatte. An Details konnte sie sich kaum erinnern, nur an das, was tief unten im Keller geschehen war.

Darby stieg die Treppe hinab und spürte die Schmerzen in der Hüfte schlimmer werden. Sie war inzwischen so vertraut mit ihrer Verletzung, dass sie all deren Launen kannte. Jetzt gab sie ihr zu verstehen, dass es besser wäre, die Krücken zu holen, weil die Schmerzen sonst bald nicht mehr auszuhalten wären.

Sie blickte in den Gang hinein, der zu dem Raum führte, in dem Boyle und der Traveler ihre Kostüme, Halloween-Masken und Waffen für ihre Jagd aufbewahrt hatten – Äxte, Pistolen, Gewehre, Messer und Macheten, an Lochwänden ordentlich aufgehängt. All das war längst weggeschafft worden. Sie richtete den Strahl der Taschenlampe in den äußersten Winkel auf eine metallene Falltür im Boden, die sie an die Luke in der Fernsehserie *Lost* erinnerte.

Holloway hatte gesagt, der Zugang zum Keller sei verriegelt, doch die Luke stand offen. Sie sah aus wie ein Haifischkiefer, wie das stählerne Maul aus ihren Albträumen, in dem Frauen, Männer und Kinder auf Nimmerwiedersehen verschwanden.

Neben der Luke lagen zwei geöffnete Vorhängeschlösser auf dem Boden. Aufgebrochen schienen sie nicht zu sein; sie hatten nicht einmal einen Kratzer. Holloway oder der Kollege, der als Letzter hier unten gewesen war, musste wohl vergessen haben, wieder abzuschließen. Das war die einzige logische Erklärung. Warum also schlug ihr das Herz bis zum Hals?

Weil du gesehen hast, was da unten passiert ist, Dinge, die kein normaler Mensch sehen, geschweige denn erleben sollte. Und wenn man sich außerdem vor Augen führt, dass du fast in Stücke zerhackt worden wärst, muss man keinen Psychologen bemühen, um eine Erklärung dafür zu finden, warum es dich jetzt zurück nach oben und nach Hause zieht.

Es war die gebieterische Stimme aus ihrer Kindheit, die ihr befahl, keine Angst vor der Dunkelheit zu haben. Im Kleiderschrank oder unter deinem Bett sind keine Monstren, Darby. Es ist Unsinn, zu glauben, dass ein Einbrecher ins Haus geschlichen ist und eine Platte von Frank Sinatra aufgelegt hat – das war deine Mutter, Dummchen. Sie ist früher von der Arbeit zurückgekehrt. Du bist in Sicherheit. Und jetzt schlag das Buch von Stephen King zu – oder besser noch: Wirf's in den Mülleimer. Dieser *Carrie*-Schinken bekommt dir nicht.

Da unten ist nichts, absolut nichts, was dir gefährlich werden könnte. Schlimm und gefährlich ist einzig und allein, was du in deinem Kopf mit dir herumträgst.

Darby zwinkerte sich den Schweiß aus den Augen. Sie starrte auf die metallene Leiter, die noch tiefer ins Dunkel hinabführte, und dachte an das Foto des zehnjährigen Charlie Scott – eines großen, kräftigen Jungen in abgeschnittenen Jeans, ausgelatschten Basketballschuhen und einem verschlissenen T-Shirt mit dem aufgebügelten

Konterfei von Darth Vader aus *Star Wars*. Charlies Vater hatte das Polaroidfoto auf den limonengrünen Küchentisch gelegt, der voller Fettflecken und Brandspuren war. *Charlie bestand darauf, Tag für Tag genau diese Sachen zu tragen,* hatte Joe Scott gesagt und sich mit zitternder Hand eine Zigarette angezündet, als er seinen klapperdürren Körper auf den Stuhl gegenüber sinken ließ. Er wischte sich die langen schwarzen Strähnen aus der fleckigen Stirn, antwortete auf ihre Fragen zu seinem Sohn mit brüchiger, aber freundlicher Stimme und fing an zu schluchzen, als sie ihm von dem Knochenfund im Keller berichtete. Was es mit diesem Keller auf sich hatte, behielt sie für sich.

Wenn du Angst hast, allein über diese Leiter nach unten zu steigen, warum rufst du nicht einfach Dick Holloway an? Er wird bestimmt einen seiner Jungs schicken, damit er dich an die Hand nimmt. Wie fändest du das?

Darby biss die Zähne aufeinander und stieg nach unten. Ihre Hüfte protestierte und jagte ihr einen Schmerz durch den Rücken, der sie ankreischte, die Beine hochzulegen, *sofort*. Sie nahm schon seit Monaten keine Schmerzmittel mehr, denn die machten sie nur benommen und führten dazu, dass ihr der Mund austrocknete, der Kopf schwirrte und nachts schreckliche Träume kamen. Für alle Fälle hatte sie ein paar Pillen in der Tasche, doch noch kam sie ohne aus. Sie fühlte sich nicht wohl, würde es aber schon schaffen.

Sie erreichte den Grund, hievte sich den Rucksack von den Schultern und sah sich, bleich und verschwitzt, von

Spiegeln reflektiert, die an den Wänden ringsum hingen. Ihr gefiel nicht, was sie sah.

Am linken Auge befand sich ein kleiner Bluterguss infolge ihrer jüngsten Operation. Darunter verlief quer über die Wange bis zum Nasenrücken eine verschorfte Narbe, zusammengehalten von zweiundzwanzig Klammern. Vor zwei Wochen hatte sie sich einem dritten Eingriff unterzogen, um das von der Axt des Travelers entstellte Gesicht wiederherstellen zu lassen. Die Klinge hatte das Auge verfehlt, nicht aber die Knochen darunter. In einer ersten zwölfstündigen Operation war sie von zwei Unfallchirurgen zusammengeflickt worden. Weil aber der Wangenknochen nicht so verheilte wie erhofft, hatte man sie wieder unters Messer gelegt, und diesmal waren plastische Chirurgen mit zu Werke gegangen, um die verletzten Knochen zurechtzusägen, mit Titanischrauben zu armieren und ein sogenanntes Medpor zu implantieren – ihre Wangenprothese.

Wenn sie mit dir fertig sind, bist du die Sieben-Millionen-Dollar-Frau, hatte ihr Partner Jackson Cooper gewitzelt. *Stärker, schneller und hübscher denn je.*

Die letzte Tür war weniger als zwei Schritte entfernt. Sie stand offen. Die Vorhängeschlösser lagen am Boden. Nichts deutete darauf hin, dass sie aufgebrochen worden waren. Darby konnte ihren eigenen gepressten Atem hören und verdampfen sehen. Sie war allein in dieser grabeskalten, pechschwarzen Dunkelheit, die vom kupfrigen Geruch getrockneten Blutes durchzogen war. Sie brauchte nur noch zwei Schritte zu machen, um in den

Keller zu gelangen, konnte sich aber plötzlich nicht mehr rühren.

Wenn du dich so sträubst, warum hast du dann nicht einen Kollegen geschickt oder Holloway gebeten, dich zu begleiten? Die Antwort ist, du wolltest allein kommen, um dir etwas zu beweisen, um dich deiner Angst zu stellen und sie zu überwinden. Also, Dr. McCormick, hier ist deine Chance. Wie wirst du sie nutzen?

Darby schlüpfte durch den Türrahmen und leuchtete mit der Taschenlampe in einen engen Korridor mit Wänden aus Beton.

Linker Hand befanden sich vier Gefängniszellen; ihre Metalltüren standen offen. Sie erinnerte sich, in der zweiten Zelle aufgewacht und im Dunkeln darin umhergetappt zu sein, mit den Händen eine Kloschüssel, ein Waschbecken und eine Pritsche ertastet zu haben, die auf dem Betonboden festgenietet worden waren. Dann hatte sie einen Summer vernommen und die Tür zu ihrer Zelle aufgehen hören – *klack, klack, klack*. Sie war, von einem schwachen Lichtschein gelockt, nach draußen in den Korridor gegangen und hatte vor einer mit Sperrholzresten verbretterten Wand mit sechs Holztüren gestanden. Türen gingen quietschend auf und wurden krachend zugeschlagen, und dann fing das Geschrei an.

(die Axt schlägt durch splitterndes Holz und trifft auf ihre Wange)

DA

(sie rennt durch das Labyrinth, kriecht durch ein Loch zwischen Boden und Wand)

IST NICHTS

(bleibt darin stecken, und der Traveler setzt ihr nach)

ER IST TOT, DARBY. DA IST REIN GAR NICHTS, DAS DIR ETWAS ANHABEN KÖNNTE.

Darby befreite sich von den Bildern ihrer Vorstellung.

Sie zog den Grundriss aus der Gesäßtasche, merkte sich die Details und ging zur letzten Tür, die in einen langen Korridor mündete, der schmaler und schmaler wurde. Es war der erste vieler solcher Gänge eines schrecklichen Labyrinths aus Sackgassen und Kammern. Die Spurensicherung hatte sämtliche Schlösser entfernt. Darby musste jetzt bloß den schnellsten Weg durch dieses Labyrinth finden.

Sie folgte dem Lichtstrahl ihrer Lampe, blieb mehrere Male stehen, um die Karte zurate zu ziehen, und war ständig auf der Hut vor den inzwischen aufgedeckten Fallen, die einer Folge von *Indiana Jones* zu entstammen schienen – mit Nägeln bestückte Sprengsätze und dünne Bodenbretter, die unter dem, der unversehens darauftrat, einbrachen, worauf das Opfer unweigerlich in ein Bett aus spitzen Holzpflöcken stürzte. Achtunddreißig Frauen, elf Männer und drei Jungen waren hier zu Tode gequält worden. Sie hatten in dunklen Zellen ausharren müssen und darauf gewartet, dass die Tür aufging. Und während sie dann nach draußen und wie Ratten durch das Labyrinth liefen, war ihnen klar, dass der Tod auf sie wartete, wenn sie keinen Ausweg fänden. Wenn sie es bis zum anderen Ende des Korridors schafften, erreichten sie eine Zelle, in der es etwas zu essen gab. Solange die Tür geschlossen war, konnte ihnen nichts passieren. Das waren die Regeln der Jagd. Aber das Labyrinth veränderte sich ständig. Türen, die einmal offen gestanden hatten, waren tags darauf verschlossen, und jedes Mal hatte das Opfer einen neuen Weg finden müssen, oder aber es wurde –

Plötzlich raschelte es.

Darby blieb stehen und griff unwillkürlich nach dem Schulterhalfter, in dem ihre Sig steckte. Schweißperlen rannen ihr über Gesicht und Nacken, während sie dastand und angestrengt auf Laute jenseits des rauschenden Blutes in ihren Ohren lauschte.

Doch es gab nichts zu hören.

Das hast du dir bloß eingebildet.

Nein, widersprach sie der Einflüsterung. *Da war ein Geräusch, ich hab's gehört.*

Die kalte Dunkelheit schien vor lauter Stille zu pulsieren. Darby wusste schon nicht mehr, wie lange sie auf dieses Rascheln gelauscht hatte – es war tatsächlich zu hören gewesen und nicht eingebildet. Sie rief sich zur Vernunft. Es musste eine ganz banale Erklärung für das Geräusch geben. Vielleicht war eine Ratte über Papierfetzen gehuscht. Boyle und der Traveler hatten jede Menge Getier in ihrem Labyrinth ausgesetzt: Ratten, Schlangen und Spinnen, um ihren Opfern noch mehr Schrecken einzujagen. Womöglich lebten einige Exemplare noch. Darby setzte sich wieder in Bewegung.

Nach einer Weile öffnete sie die letzte Holztür und

betrat einen Korridor, der wie alle anderen aussah und zu vier Zellen führte. Drei davon waren mit Kloschüssel, Waschbecken und Pritsche ausgestattet, allesamt fest vernietet, damit sie nicht abmontiert und als Waffe verwendet werden konnten. Die Zelle am Ende des Ganges war kleiner als die anderen und leer.

Die Schmerzen in der Hüfte waren ihr auf den Magen geschlagen und lösten Brechreiz aus. Sie nahm den Rucksack ab, stellte ihn vor die Wand, lehnte sich im Sitzen dagegen und schnappte nach Luft. Ihre Kleider waren feucht von Schweiß.

Als sich ihr Magen wieder beruhigt hatte, packte sie eine gasbetriebene Betonsäge mit nagelneuer Diamantkette aus dem Rucksack. Sie setzte Schutzbrille und Atemmaske auf, brachte die Säge zum Laufen und hinkte durch den Korridor.

Die Zwischenwände der Zellen bestanden aus gegossenem Stahlbeton. Nur die Rückwand der letzten Zelle war aus Betonsteinen gemauert. Außerdem war die Zelle über einen Meter niedriger und hatte im Unterschied zu den anderen einen Boden aus gestampftem Lehm. Was es mit dieser Zelle auf sich hatte, war der Spurensicherung ein Rätsel geblieben. Geduckt betrat Darby den niedrigen Raum und machte sich an der Rückwand zu schaffen.

Nach gut einer halben Stunde hatte sie ein kleines Rechteck ausgeschnitten. Die Schmerzen in der Hüfte waren inzwischen so unerträglich, dass sie eine ihrer Pillen aus der Tasche fischte und trocken hinunterschluckte.

Sie hob die Taschenlampe und spähte durch das Loch.

Haut. Lederhaut, um ein Gerippe gespannt.

Menschenschädel.

In dem Kellerloch hinter der Zellenwand schienen Tausende von Knochen zu liegen.

«Hilfe.»

Darby sprang auf, schlug mit dem Kopf an die Decke und ging zu Boden. Was sie eben gehört hatte, war nicht eingebildet. Der Ruf drang durch die Wand, nein, er kam von *hinten*, aus irgendeinem Winkel außerhalb der Zelle.

«Hilfe, bitte.»

Darby erkannte die trockene, blecherne Stimme wieder. Sie raffte sich auf und eilte zur Tür hinaus.

«Wo sind Sie?»

«In einer Grube», antwortete der Mann. Seine Stimme hallte von der Decke wider. «Ohne Hilfe komm ich hier nicht raus.»

Sie glaubte zu wissen, wo er war, und machte sich auf den Weg. «Reden Sie weiter.»

«Ich bin gestürzt und habe mir das Bein gebrochen. Ein offener Bruch im Unterschenkel … Ich kann den Knochen fühlen. Allein schaff ich's nicht, hier rauszukommen … Wir brauchen eine Leiter oder ein Seil.»

Darby hastete der gequälten Stimme entgegen und gelangte wenig später in den Raum mit der Fallgrube. Die dünnen Bretter, die daraufgelegen hatten, waren zusammen mit den Holzpflöcken vor Monaten entfernt worden.

Sie blickte über den Rand und sah in zweieinhalb Metern Tiefe Charlie Scotts Vater zusammengekrümmt am Boden kauern.

«Wie zum Teufel sind Sie ins Haus gekommen?»

«Übers Dach», krächzte er. Joe Scott hatte mit den Ärmeln seiner Winterjacke das rechte Bein oberhalb des Knies abgebunden, um die Blutung zu stillen. Sein blaues Flanellhemd und die Jeans waren voller Dreck und Blut, die Fingerkuppen zerkratzt – offenbar hatte er aus dem Loch zu klettern versucht. «Ich habe eine Leiter und Werkzeug mitgebracht, ein paar Schindeln abgedeckt und bin dann eingestiegen.»

Sie leuchtete mit der Taschenlampe über die Lehmwände. «Und die Vorhängeschlösser?»

«Was soll damit sein? Die waren auf. Jedenfalls bin ich heilfroh, dass Sie mich gefunden haben. Ich hänge hier seit … zwei Tagen oder so fest. Genau kann ich es nicht sagen. Ich werde immer wieder ohnmächtig.»

«Was haben Sie hier zu suchen, Mr. Scott?»

«Ich will meinen Jungen finden. Sie sagten doch, Sie hätten seinen Knochen gefunden. Ich will auch den Rest von ihm, ich … ich muss wissen, was passiert ist, Dr. McCormick. Helfen Sie mir bitte hier raus.»

«Können Sie aufstehen?»

«Nein. Als ich's das letzte Mal versucht habe, ist mir schwarz vor Augen geworden.» Er schluckte. «Und ich habe diese Halluzinationen.»

«Sie müssen ziemlich ausgetrocknet sein. Ich hole Ihnen was zu …»

Darbys Blick fiel auf den Zipfel einer schwarzen Plastikfolie, die neben Scotts Füßen im lockeren Lehmboden steckte. In Erinnerungen an das Rascheln, das sie gehört hatte, hielt sie die Luft an und blickte unter die Decke. Sie war voller Spritzer getrockneten Blutes.

«Als ich Schritte hörte, bin ich wieder in Ohnmacht gefallen», sagte Charlies Vater. «Dann bin ich aufgewacht, hörte Motorengeräusche und glaubte zu träumen. Das waren Sie, stimmt's?»

«Rutschen Sie zur Seite und graben Sie den Plastiksack aus.»

«Welchen Plastiksack?»

«Rechts neben Ihnen.» Sie richtete den Lampenstrahl darauf.

«Ich kann mich kaum bewegen. Die Schmerzen –»

«Tun Sie's.»

Charlies Vater schien einen Moment lang nachzudenken. Dann rutschte er ächzend zur Seite und scharrte mit den Fingern im Dreck. Es dauerte fast eine Viertelstunde, bis er den Sack endlich ausgegraben hatte.

«Machen Sie ihn auf», sagte sie.

Er gehorchte.

Darin steckten ein Schädel, etliche Knochen und ein Textilfetzen, auf dem Teile eines Abbildes von Darth Vader zu erkennen waren.

«Ich habe ihn gefunden», stammelte Charlies Vater unter Tränen. «O mein Gott, ich habe ihn gefunden. Jetzt kann ich endlich für ein anständiges Begräbnis sorgen.»

Darby legte sich bäuchlings auf den Boden und langte

mit ausgestrecktem Arm in die Grube. «Geben Sie mir den Sack.»

«Ich kann nicht aufstehen.»

«Dann werfen Sie ihn hoch.»

Charlies Vater richtete den Oberkörper auf, schnürte den Sack zu und stieß ihn mit beiden Händen nach oben.

Darby fing ihn auf und ächzte vor Schmerzen. Sie öffnete den Sack und fand darin mehrere, zumeist große Knochen, unter anderem zwei Oberschenkelknochen.

Joe Scott lag auf der Seite und schluchzte.

«Mein Junge», sagte er. «Kaum zu glauben, ich habe meinen Jungen gefunden.»

«Mr. Scott, die Kollegen von der Spurensicherung haben den ganzen Keller umgegraben, aber nichts gefunden, geschweige denn einen Sack voller Knochen. Verstehen Sie, was ich damit sagen will?»

«Aber er war doch hier.»

«Nein, Sir, *Sie* haben ihn hier verscharrt. Richtig?»

«Wie bitte? Nein, Unsinn, natürlich nicht.»

«Sie haben Ihren Sohn exhumiert und wollten ihn hier vergraben», sagte sie. «Sie dachten, wenn ich ihn hier finde, wird man dem Traveler und Boyle die Schuld an seinem Tod geben.»

«Nein.»

«Damit wären Sie aus dem Schneider und die schiefen Blicke der Leute los gewesen, die sich fragen, ob Sie nicht doch etwas mit dem Verschwinden Ihres Sohnes zu tun hatten. Und das haben Sie. Sie haben Charlie getötet, weil Sie nicht mehr mit ihm fertiggeworden sind, nicht wahr?»

«Ich bin hierhergekommen, um ihn zu finden», beteuerte er und bekreuzigte sich. «Das schwöre ich bei Gott dem Allmächtigen.»

«Ich werde den Staub an den Knochen untersuchen und feststellen lassen, ob er aus dieser Grube stammt oder nicht. Wie, glauben Sie, wird das Ergebnis aussehen?»

Joe Scott schüttelte den Kopf und fuhr sich mit der Zunge über die trockenen, aufgesprungenen Lippen.

«Es wird Sie als Lügner überführen.»

«Rufen Sie einen Krankenwagen», stöhnte er. «Ich habe schreckliche Schmerzen.»

«Entweder Sie sagen mir die Wahrheit, oder Sie kommen nie mehr aus diesem Loch heraus.»

«Ich habe Ihnen die Wahrheit gesagt.»

«Wir sind hier ganz allein. Gestehen Sie!»

«Sie können mich nicht zurücklassen.»

Darby stand auf und ging mit dem Sack nach nebenan.

«Ich sage Ihnen die Wahrheit», rief er. «Bitte.»

Darby antwortete nicht. Sie trat in den Korridor hinaus.

«Ich sage Ihnen die Wahrheit. Holen Sie mich hier raus, Sie verfluchte Hexe!»

Darby packte ihre Sachen zusammen, schulterte den Rucksack und machte sich mit dem Grundriss in der Hand auf den Rückweg durch das Labyrinth.

«Ich habe alles für den Jungen getan», schrie er, «alles,

was in meiner gottverdammten Macht lag. Aber er war nicht richtig im Kopf. Seine Mutter ist deswegen abgehauen. Charlie hat ständig auf sie eingeprügelt. Als er dann größer war, hat er so viel Ärger gemacht, dass er von der Schule geflogen ist, und ich musste meinen Job aufgeben. Kein Schwein hat uns geholfen.»

Darby öffnete die letzte Tür und kehrte in den ersten Korridor zurück. Das Schmerzmittel tat seine Wirkung. Sie war benommen und schläfrig.

«Dieser Junge war einfach unerträglich», brüllte Charlies Vater. «Böse von Grund auf. Wissen Sie, wie oft er über mich hergefallen ist oder versucht hat, mich im Schlaf zu erwürgen? Wie oft er mich mit Steinen beworfen oder Feuer an unseren Trailer gelegt hat?»

Darby humpelte auf die letzte Tür zu.

«Er hat mich zur Weißglut gebracht, aber noch wütender war ich auf Gott für das, was er mir angetan hat. Als Charlie damals in dieser Nacht wieder einmal ausgerastet ist, da … da konnte ich nicht mehr anders. Ich dachte, dass er im Himmel oder in der Hölle – oder wo immer er auch hergekommen sein mochte – besser dran wäre. Ich war es einfach leid und konnte ihn nicht länger ertragen, und dann habe ich getan, was ich eigentlich gar nicht tun wollte. Aber da war es zu spät, und im Trailerpark machten alle einen großen Bogen um mich, weil sie ahnten, was geschehen war. So konnte ich nicht weiterleben. Trotz allem habe ich dieses elende Miststück zu lieben versucht, jeden Tag aufs Neue.»

Darby schlug die schwere Metalltür hinter sich zu und

stieg die Leiter hinauf. Sie konnte Charlies Vater brüllen hören und sah ihn im Geiste in der Grube liegen, vor Angst und Schmerzen am ganzen Leib zitternd.

Gut so, befand ein Teil von ihr, *soll er doch in diesem Loch verrotten.*

Sie erreichte den Flur und stellte den Sack ab. Als sie den Rucksack von den Schultern nahm, fiel ihr Blick auf Charlie Scotts Schädel in der Öffnung des Sacks. Das Scheitelbein war aufgebrochen. Der Verletzung nach zu urteilen, hatte Joe Scott seinen Sohn mit einem harten, schmalen Gegenstand getötet, vielleicht mit einem Montiereisen.

Trotz allem habe ich dieses elende Miststück zu lieben versucht, jeden Tag aufs Neue.

Was hatte Holloway ihr gestern noch am Telefon gesagt? Dass man als Außenstehender immer gut reden habe. Darby fragte sich, ob wohl auch Gott außen vor stand und urteilte, während sie ihr Handy aus der Tasche nahm und die Nummer der Polizeidienststelle wählte.

Deutsch von Michael Windgassen

FRIEDRICH ANI

Wo es dem Verbrecher schmeckt

Eins

Er wollte nicht mehr zuhören. Seit einer Stunde hörte er ihr zu, jetzt hatte er keine Lust mehr. Er wollte still dasitzen, im *Kicker* lesen und sonst nichts. Aber sie hörte nicht auf zu sprechen.

Er sagte: «Ich hab's verstanden.»

Sie sagte: «Scheint mir nicht so.»

Er sagte: «Ich mach so was nicht.»

Sie sagte: «Niemand kommt zu Schaden, und wir sind gerettet.»

Über diese Bemerkung dachte er eine Weile nach, dann schwappte ihre Stimme wieder über seine Gedanken. Er versuchte sich an den Namen des Berliner Sponsors zu erinnern, der seit einer Woche seinen Verein, die Münchner Löwen, unterstützte. Er kam nicht drauf.

«Wenn du willst, erklär ich's dir nochmal», sagte Elisabeth Klier. «Aber eigentlich gibt's da nichts zu erklären.» Sie trank einen Schluck Weißwein, stellte das Glas auf den Tresen, der als Küchenteiler fungierte, und wartete auf eine Antwort.

Am Anfang hatte der neunundfünfzigjährige Gideon Klier geglaubt, seine Frau habe den ganzen Tag getrunken oder zu viel ferngesehen. Bis ihm klarwurde, dass sie es ernst meinte, verging fast eine Stunde. Inzwischen, so schien ihm, war sie tatsächlich betrunken. «Aha», sagte er. Dann überlegte er, ob er noch ein alkoholfreies Bier trinken sollte. «Verstehe. Ja. Aha.» Er entschied sich gegen das Bier. «Wir bedrohen sie. Womit nochmal?»

«Hörst du nicht zu? Mit einer Pistole. Wir haben eine Pistole.»

«Wir haben keine Pistole», sagte Klier.

«Nicht wir persönlich.» Elisabeth machte eine Pause, fuhr mit dem Zeigefinger über den Rand des Glases, und ihre Lippen zuckten, wie bei einem unwillentlichen Lächeln. Das gefiel Klier nicht.

«Wer dann?», sagte er.

«Manuel.»

Sofort fragte er sich, ob er den Namen bisher überhört hatte. Er wusste es nicht. Er bezweifelte es, aber sicher war er sich nicht. Er wollte seine Ruhe. Er wollte ins Wohnzimmer gehen und im *Kicker* lesen und sonst nichts. Morgen Mittag würde er noch eine Fahrstunde geben, dann war Pause bis dritten Januar. Was das nächste Jahr bringen würde, lag im Dunkeln. Aber er würde sich nicht kleinkriegen lassen, er würde seine Schulden abbezahlen, trotz aller finanziellen Probleme einen neuen Wagen anschaffen und vielleicht sogar das Büro streichen lassen. Seine Fahrschule hatte immer noch einen Namen in der Stadt, auch wenn er die Filialen in den anderen Stadtteilen hatte schließen müssen und nur noch eine in Giesing besaß. Fahrschule Klier.

Scheiß auf das alte Jahr, dachte er, in elf Tagen beginnt ein neues.

«Es wär gescheiter, du würdst mir zuhören.» Elisabeth Klier schenkte sich ein neues Glas ein und prostete ihm zu, was er abseitig fand.

Aber er sagte: «Zum Wohl, Lise. Was hat Manuel damit zu tun?»

«Wo bist du denn mit deinen Gedanken? Ich hab ihn engagiert. Einer muss den Mund aufmachen.»

Kliers Unterkiefer klappte nach unten, er starrte seine Frau mit einem Gesichtsausdruck an, der Lise irgendwie behämmert vorkam. «Guck doch nicht so blöde», sagte sie.

Er schloss den Mund und schüttelte den Kopf. Allmählich nahm der Plan, von dem Lise ihm erzählte, Konturen an, endlich begriff er, wovon sie redete und welche Konsequenzen ihnen dadurch drohten. Das, was sie vorhatte, könnte eine Lösung sein, dachte er plötzlich. Dann fielen ihm gleichzeitig eine Menge anderer Dinge ein, die er nicht zu Ende denken konnte, weil die eindringliche Stimme seiner Frau ihn zum Zuhören zwang.

«Wir sind morgen Abend bei den beiden eingeladen, das weißt du», sagte sie.

Er hatte nicht mehr daran gedacht. Er wollte da nicht hingehen, wozu denn? Sie wären bloß Publikum, Paul erzählte dann von der bevorstehenden Reise und seinem Restaurant und seinem Auto, das er «Das Mobil» nannte,

Anita servierte das Essen und den Wein und behandelte ihre Gäste wie Kinder.

«Ich weiß», sagte Klier.

«Wir gehen hin, sitzen eine Stunde rum, dann klingelt's, Paul geht zur Tür, öffnet – und Schlagzu.»

«Schlagzu? Was heißt Schlagzu?»

«Nur so ein Ausdruck von Manuel.» Lise trank und schwenkte das Glas. «Ich hab ihm von meiner Idee erzählt, er kennt sich aus, er war fünf Jahre im Gefängnis …»

«Drei.»

«Er kennt sich aus. Er hat zwei Waffen, zwei Pistolen. Oder Revolver, ich weiß nicht. Für den Notfall. Wir teilen durch drei, ich mein, durch zwei natürlich. Manuel kriegt die Hälfte. Das ist gerecht.»

«Von welchem Geld?», fragte Klier. Seine Mietschulden für die ehemaligen Räume in Schwabing, Neuhausen und Riem und die Abschreibungen der Fahrzeuge, die er hatte abgeben müssen, beliefen sich auf rund hunderttausend Euro, eine Summe, über die er mit seiner Bank seit Monaten verhandelte. Und weil er ein langjähriger, solider Kunde der Stadtsparkasse war, rechnete er nicht mit einer totalen Absage für einen Kredit. Die Zeiten waren hart, auch wenn die Sparkassen von der globalen Misere weniger gebeutelt wurden als andere Geldinstitute.

«Pauls Geld!», sagte Lise laut, trank, sah ihren Mann grimmig an, trank noch einmal.

Damit hatte Paul Severin immer wieder geprahlt: dass er nicht so krank sei, sein ganzes Geld auf einer Bank zu deponieren. Jeder Geschäftsmann, sagte er, brauche Spielgeld für den Notfall, und sein Spielgeld lagere in einem Safe bei ihm zu Hause, rund eine Viertelmillion. Unter Freunden dürfe man das sagen.

Unter Freunden.

Früher, als sie gemeinsam in den Süden gefahren waren, jedes Ehepaar im eigenen Wohnmobil, waren sie Freunde gewesen, Männer auf der gleichen Ebene, gut verdienende unauffällige Geschäftsleute, die im Urlaub kein Wort über ihre finanzielle Situation verloren, wozu denn? Sie waren da, sie luden Leute zum Essen ein, sie führten ihre Frauen aus, sie zahlten Steuern und holten sie sich zurück, wie alle, mit denen sie verkehrten.

Seit zwei Jahren war das anders.

Klier hatte nicht nur die Autos seiner Fahrschule und den Polo seiner Frau verkaufen müssen, sondern auch seinen weißen Carthago. Steuern bekam er schon lange keine mehr zurück, im Gegenteil. Mit seinem geheimen Konto in Österreich hatte er einen Teil seiner Steuerschulden in Deutschland beglichen. Eine einzige Überweisung war ihm zum Verhängnis geworden.

Trotzdem wollte er in Ruhe Weihnachten verbringen und sonst nichts.

«Wir spielen die Geiseln», sagte Lise. «Manuel räumt den Tresor aus, dann nimmt er uns als Geiseln mit.»

«Alle beide?», sagte Klier, als habe er intensiv über den Ablauf des Überfalls nachgedacht.

Lise zögerte. «Ja.» Anscheinend brachte sie die Bemerkung aus dem Konzept. «Wahrscheinlich. Damit es überzeugender wirkt. Aber vielleicht hast du recht, vielleicht sollte Manuel nur eine Geisel mitnehmen.»

«Und wen von uns?»

Nachdem sie eine Zeitlang ihr Glas betrachtet hatte, sagte Lise: «Mich am besten. Weil ich eine Frau bin. Geiselnehmer denken immer, dass Frauen die besseren Geiseln sind.»

«Woher weißt du, was Geiselnehmer denken?», fragte Klier.

«Was hältst du von dem Plan?»

Er hielt nichts davon. «Interessant», sagte er. «Und Manuel macht mit?»

«Morgen Abend. Denen wird ihr Urlaub sauber vergehen. Und wir sind unsere Schulden los. Komm, trink ein Glas mit mir. Willst du ein Bier?»

Er trank ein Bier mit ihr, dann küssten sie sich, und weil er den speziellen Blick seiner Frau kannte, zog er sie aus und schlief mit ihr vor dem Tresen. Danach saßen sie schweigend vor dem Fernseher. Klier dachte an das Geld, mit dem er sein Geschäft wieder in Schwung bringen könnte, Elisabeth dachte an Manuel, mit dem sie ihr Leben wieder in Schwung bringen wollte.

Zwei

Die siebenschüssige Smith & Wesson war die Hauptwaffe. Sollte sie nicht genügen, würde Manuel Gebhard die Pardini zum Einsatz bringen, eine großkalibrige

Sportpistole, die er einem ehemaligen Knastkumpel für sechshundert Euro abgekauft hatte. Im Magazin lagen dreizehn Patronen, das musste genügen.

Für den sechsunddreißigjährigen ehemaligen Immobilienmakler war der Überfall am Hans-Mielich-Platz, fünf Minuten von seiner Wohnung entfernt, der Startschuss für seinen Lauf zurück ins Leben. Nach vier öden Jahren auf der verschatteten Wartebank sehnte er sich nach dem einzig wahren Scheinwerfer, der Sonne. Er hatte zwei Freunde auf Mallorca, die wussten, wie man Geschäfte mit Häusern und Apartments betrieb, egal, welche Tricks die spanische Regierung sich noch einfallen ließ, um ausländische Investoren zu schikanieren. Mit diesen Freunden plante er seine Zukunft. Und in dieser Zukunft hatte Lise keinen Platz. Aber das wusste sie noch nicht, und sie brauchte es auch nicht zu erfahren.

Lange, mehr als zwei Jahre, hatte Manuel an dem Plan gebastelt, um ihn im richtigen Moment am richtigen Mann zu erproben, das heißt an der richtigen Frau. Ein paar Andeutungen, und Lise hatte nach dem Köder geschnappt. Bei Anita hatte es nicht länger gedauert. Vermutlich nahm er wegen der Unwägbarkeit der Situation zwischen den Frauen die zweite Waffe mit. Niemand konnte vorhersagen, was passierte, wenn klarwurde, dass er nicht mit Lise, sondern mit Anita abhauen würde. In diesen Dingen, das hatte er schon mit zwanzig vollkommen begriffen, waren Frauen weniger berechenbar als ein Tsunami, für Frauen gab es keine Vorwarnsysteme, nirgendwo auf der Welt.

Paul Severin stellte keine Gefahr dar. Er wäre zu dem Zeitpunkt schon tot. Das hatte Anita so beschlossen.

Gideon und Lise Klier steckten zu tief mit drin. Wenn sie zur Polizei gingen, hätten sie ihre Fahrschule für alle Zeiten gegen die Wand gefahren.

Endlich raus hier, dachte Manuel, raus aus der versifften Bruchbude, weg aus der verpesteten Gegend.

Nach dem Zusammenbruch seines Maklerbüros, nachdem er seine Strafe wegen Urkundenfälschung und Steuerhinterziehung abgesessen hatte, war Manuel Gebhard in ein heruntergekommenes zweistöckiges Haus in Untergiesing gezogen, das direkt neben einem Bahndamm lag. Fünfzig Meter hinter der Unterführung betrieb sein ehemaliger Konkurrent Schneider ein florierendes Großraumbüro. Jedes Mal, wenn Gebhard an den Fenstern vorbeiging, spuckte er aus.

Eigentlich, dachte er, während er am Fenster stand und rauchte und den Eurocity nach Salzburg vorbeirasen sah, sollte er Schneider ebenfalls aus der Welt schaffen.

«Ich vergebe dir», sagte Manuel zur schmutzig grauen Gardine und beschloss, zur Feier des Tages seine Waffen zu reinigen.

Drei

«Ich ertrag das nicht mehr», sagte Paul Severin zu seiner Frau. «Diese graublauen Bezüge sehen aus wie bei der Bundesbahn. Und sie kratzen, das hab ich dir von Anfang an gesagt, die kratzen mir die Haut auf. Und dir auch.» Er grinste sie an und tätschelte ihren Oberschenkel.

Sie saß neben ihm am gedeckten Tisch. Er trank Bier aus der Flasche und rieb sich die Hände. Er fühlte sich gut. «Der Prismo hat ausgedient. Im Winter macht er Probleme im Schnee, im Sommer überhitzt er. Weg mit dem. Ich will den großen Hymer, acht zwanzig lang, zwei dreißig breit, das sind Maße. Und Fußbodenheizung haben wir dann auch. Die Ausstattung ist hell, modern, luftig, nicht so spießig wie beim Prismo. Ich versprech's dir, zum Lido fahren wir nächstes Jahr mit dem Hymer. Ich hab mich schon erkundigt, das klappt alles rechtzeitig mit der Lieferung.»

«Aber der ist so teuer», sagte Anita Severin zu ihrem Mann.

«Ich krieg ihn für neunzig, hab schon verhandelt, sie nehmen den Prismo in Zahlung und verscherbeln ihn weiter. Du wirst begeistert sein, ich zeig dir im Urlaub Fotos, da haut's dich um.»

Elisabeth und Gideon Klier saßen ihnen gegenüber und hörten zu. Jedes Mal, bevor ihre Freunde in Urlaub fuhren – im Sommer für vier Wochen an den Lido di Jesolo, im Winter neuerdings nach Leutasch –, trafen sie sich zu einem «Restevertilgungsabend» in der Dachgeschosswohnung der Severins am Hans-Mielich-Platz. Im Erdgeschoss befand sich das «Severin», ein bayerisches Gasthaus, das bei jungen Leuten aus dem Viertel ebenso beliebt war wie bei älteren Besuchern, die aus der ganzen Stadt nach Untergiesing kamen. Da das Lokal keinen Biergarten hatte, sperrte Paul Severin jedes Jahr den gesamten August und zwei Wochen im September zu, außerdem, und das wusste inzwischen jeder Gast, vom dreiundzwanzigsten Dezember bis zum fünften Januar. In diesen Zeiten gönnte sich das Ehepaar einen Urlaub im Wohnmobil.

«So schaut's aus», sagte Severin. Er meinte niemanden und nichts Bestimmtes. Vom Wurstaufschnitt war nichts mehr übrig, das Käsebrett war leer, ein paar Gewürzgurken, eingelegte Zwiebeln und von Anita ordentlich geschälte, geputzte und geschnittene Karottenstangen lagen noch auf den Tellern, im Korb zwei Semmeln und zwei Scheiben Brot.

Zwei Stunden lang hatte Severin vom Geschäftsverlauf im Herbst erzählt, dann hatte er das Gespräch auf die von der Rezession bedrohte Lage auf dem «Mobil-Markt» gebracht, wobei er meinte, Gideon solle froh sein, dass er mit alldem nichts mehr zu tun habe. Klier hörte zu und dachte an vieles. Zwischendurch redeten seine Frau und Anita in leiserem Ton über Blumen und Kaufhäuser, sie stießen mit ihren Weingläsern an, und es sah aus, als würden sie sich mögen. «Pass auf, du kleckerst», sagte Anita mehrmals zu Elisabeth wie zu einem kleinen Mädchen.

«Dusche und Klo sind extra», sagte Paul Severin gerade, als es an der Tür klingelte und er aufstand. «Das Mobil ist nicht zu groß, aber du hast trotzdem den Eindruck, in einem Zimmer zu sein und nicht in einer Kammer. Verstehst, was ich mein?»

«Ja», sagte Klier. Es war sein erstes Wort seit ungefähr einer halben Stunde, was außer ihm vermutlich niemandem aufgefallen war.

«Scheiße», sagte Severin an der Tür, mehr nicht.

Der Faustschlag zerschmetterte seine Nase. Er sackte zu Boden. Der maskierte Mann sperrte die Tür ab und schleifte den blutenden Severin ins Wohnzimmer. Die drei Personen am Tisch blieben wie erstarrt sitzen. Severin schnappte nach Luft. Der Maskierte, der eine schwarze Wollmütze mit Augen- und Mundschlitzen und schwarze Lederhandschuhe trug, sah sich um, ging zur Couch, nahm ein besticktes rotes Kissen. Dann zog er aus einer der Taschen seines abgewetzten grünen Parkas eine Pistole.

Als Severin anfing, über den Boden zu kriechen, prustend, mit blutüberströmtem Gesicht, versperrte der Maskierte ihm den Weg, und weil Severin sich an seine Beine klammerte, trat er ihn in den Nacken. Mit einem harten Geräusch schlug Severins Kopf auf dem Parkett auf.

«Die Nummer vom Tresor», sagte der Unbekannte.

Severin spuckte Blut. Der Maskierte kniete sich neben ihn. «Die Nummer vom Tresor will ich hören.»

Aus Severins verzerrtem, verschmiertem Mund kam ein Krächzen.

Der Maskierte sprang auf, ging zum Tisch, richtete die Pistole auf Anitas Kopf. «Die Nummer vom Tresor.»

«Weiß ich nicht», sagte Anita Severin. Sie zitterte am ganzen Körper. Ihre Finger bewegten sich unaufhörlich auf und ab, Speichel rann aus ihrem Mund und tropfte auf ihre blaue Bluse.

«Du weißt die Nummer nicht?»

Anita schüttelte den Kopf und hörte nicht mehr damit auf.

«Dein Mann hat dir die Nummer nicht verraten?»

Sie schüttelte den Kopf.

«Kein Vertrauen», sagte der Maskierte. Er versuchte, seine Stimme zu verstellen, aber Klier fand, dass es ihm nicht sehr gut gelang. Manuel drückte den Lauf der Waffe gegen Anitas Stirn. «Erinnere dich.»

«Das … das tut weh.» In ihren Augen standen Tränen.

«Die Nummer.»

«Weiß ich doch nicht», flüsterte Anita.

Im nächsten Moment stand Manuel wieder vor Severin, der sich mit den Armen abstützte und gurgelnde Laute von sich gab.

«Jetzt die Nummer, bitte», sagte Manuel und trat Severin zweimal auf die rechte Hand. Der Wirt schrie auf, verschluckte sich, spuckte Blut, röchelte. «Bitte? Lauter! Sprich jetzt.»

«Zwei … eins … null …» Severin sackte in sich zusammen. Manuel packte ihn an den Haaren und zog seinen Kopf hoch. «… eins … neun … sechs …» Er japste wie ein Ertrinkender. Manuel wiederholte die Zahlen. «F… f… fünf.» Aus Severins Augen flossen Ströme von Tränen. Manuel ließ seinen Kopf los, der wieder auf den Boden krachte.

«Das ist mein Geburtstag!», stieß Anita hervor. «Zweiter Oktober neunzehn...»

«Wo?», fragte Manuel kurz.

«Was?» Verwirrt schaute sie ihn an.

«Wo ist der Tresor?»

Anita brauchte eine Weile für ihre Antwort. «Im Schlafzimmer», sagte sie abwesend.

Manuel verschwand. Serverin zuckte, hob den Arm, stieß einen gepressten Schrei hervor, spuckte wieder aus, krümmte sich, zappelte mit den Beinen. Dann kippte sein Körper zur Seite und zuckte noch ein paarmal.

Mit dem Kissen in der einen und der Pistole in der anderen Hand kam Manuel aus dem Schlafzimmer zurück. «Alles da!» Er ging zu Severin, hielt das Kissen vor die Waffe, stutzte. Er betrachtete den leblosen Körper, bevor er seinen rechten Handschuh auszog und zwei Finger an Severins Hals legte. «Der ist hin. Herzinfarkt. Schau dir die verkrümmten Pratzen an. Der hat sich selber abgeschafft. So kann's gehen.»

Im Aufstehen zog Manuel den Handschuh wieder an.

Ein Schweigen und ein unangenehmer Geruch breiteten sich aus.

Das Schweigen endete, der Geruch wurde stärker.

«Wieso hauen Sie nicht ab?», sagte Elisabeth Klier zur Überraschung ihres Mannes. «Sie haben doch alles ...» Und mit ausgestrecktem Arm zeigte sie in Richtung Flur, der zum Schlafzimmer mit dem offenen Tresor führte.

Mit einem Mal hörte Anita auf zu zittern. «Du kannst die Maske abnehmen», sagte sie zu Manuel.

Er riss sich die Mütze vom Kopf und strich sich angewidert übers Gesicht. «Ich erstick gleich. Wo ist mein Bier?»

Anita sah ihre beiden Freunde an. «Entschuldigung, dass wir euch mit reingezogen haben. Ich konnt das Abendessen nicht mehr absagen, und heut war genau der Moment, um die Sache durchzuziehen. Wenn ihr zur Polizei geht, bringt Manuel euch wahrscheinlich um.»

«Ah …», sagte Elisabeth.

Klier war sich sicher, dass seine Frau etwas anderes sagen wollte, ein längeres Wort, einen dramatischen Satz.

«Der Plan war, Manuel nimmt mich als Geisel mit, vor den Augen von euch Zeugen …»

«Von uns Zeugen …»

Immerhin, dachte Klier, schaffte sie jetzt schon drei Worte.

«… Genau, von euch Zeugen. Später lässt er mich frei und verschwindet. Und ich verlass meinen Mann und kehr zu ihm zurück, zu Manuel. Was ist los mit dir, Lise? Manchmal muss man halt Entscheidungen treffen, und manchmal verlangen solche Entscheidungen nach Blut.»

Elisabeth Klier würgte an Worten, die nicht herauskommen wollten.

«Wir geben euch was ab», sagte Anita. «Zehntausend sind leicht drin. Ist doch selbstverständlich.»

«Du bist eine Schlampe», sagte Elisabeth, obwohl sie etwas ganz anderes sagen wollte.

«Und du wirst immer eine Verliererin bleiben», sagte Anita und lächelte Manuel an, dem der Schweiß über die Wangen lief.

Und du wirst immer eine Verliererin bleiben.

Noch oft musste Gideon Klier später an die letzten Worte der Frau seines ehemals besten Freundes denken.

Vier

Sie hatte den Willen. Sie hatte ein Motiv. Sie hatte die Gelegenheit. Sie war zur richtigen Zeit am richtigen Ort. Dachgeschoss, Hans-Mielich-Platz, Ecke Kühbacher Straße, Sonntag, zweiundzwanzigster Dezember, dreiundzwanzig Uhr zwölf. Das Käsemesser mit der geschwungenen Doppelspitzklinge lag direkt vor ihr auf dem Teller. Sie griff danach, beugte sich vor und stach über den Tisch in Anitas Hals. Die vierundvierzigjährige Wirtin kippte mit dem Stuhl um, zappelte wie ihr Mann eine Zeitlang mit den Beinen und starb.

«Aus einer Eingebung heraus», sagte Gideon Klier noch in derselben Nacht zu seiner Frau, sei er daraufhin aufgesprungen, habe dem verdutzt glotzenden Manuel Kissen und Pistole aus der Hand gerissen, das Kissen auf sein Gesicht gedrückt – «warum, weiß ich nicht» – und ihm ins Herz geschossen. Nie zuvor hatte Gideon Klier eine Schusswaffe in der Hand gehalten. Nach dem Schuss hatte er sie sofort fallen lassen, vor Schreck über den lauten Knall.

Während Elisabeth den Tisch abräumte, das Geschirr spülte und die prallgefüllten Müllbeutel verknotete, holte Gideon das Geld aus dem Tresor, verschloss die Tür und wartete im Wohnzimmer, bis seine Frau in der Küche fertig war. Die drei Leichen, dachte er, würden der Polizei einige Rätsel aufgeben. Er betrachtete seine rechte Hand. Kein Abdruck einer Pistole, keine Spuren eines Schusses. Oder doch? Er stellte die weiße Plastiktüte mit den Geldscheinen auf den Boden und verglich die rechte Hand mit der linken. Kein Unterschied. Er nahm den Beutel und ging zur Wohnungstür.

«Komm endlich», sagte er.

«Ich komme», sagte seine Frau.

Sie horchten an der Tür, dann verließen sie die Wohnung. Unterwegs warfen sie die Mülltüten in einen Container. Sie gingen nach Hause, über die Pilgersheimer Straße, den Giesinger Berg hinauf zur Raintaler Straße, wo sie zur Miete wohnten. Ihre Eigentumswohnung in der Schwabinger Hohenzollernstraße hatten sie verkaufen müssen. Gideon Klier hatte immer noch nicht begriffen, welche Fehler er eigentlich gemacht hatte, dass sein Leben derart zerbröselt war.

Am Heiligen Abend aßen sie Ente mit Blaukraut und Kartoffelknödel, das hatte Klier sich gewünscht. Die Tage vergingen in Stille. Über die Feiertage ruhten die Turbulenzen bei 1860 München, der Sponsor, eine Berliner Versicherung, schien noch nicht abgesprungen zu sein. Das wunderte Klier ein wenig, denn normalerweise zogen die Interessenten ihr Angebot in dem Moment zurück, in dem sie Einblick in die wahren Bilanzen des Vereins bekamen und ihnen das Ausmaß der Schulden bewusst wurde.

Elisabeth kümmerte sich um die Begrünung des Balkons und hatte nichts dagegen, wenn ihr Mann mit ihr schlafen wollte.

«Dein Lover hat dich verarscht», sagte Klier an Silvester. Bisher hatten sie über das Thema nicht gesprochen, jener Abend war in ihren seltenen Gesprächen tabu. Die weiße Plastiktüte stand in der Abstellkammer hinter dem Regal mit den Konserven und den Putzmitteln.

«Er war nicht mein Lover», sagte Elisabeth.

«Du wolltest mit ihm abhauen.»

«Wollt ich nicht.»

«Wolltst du nicht.»

«Nein.»

«Frohes neues Jahr», sagte Gideon Klier. Sie stießen mit den Sektgläsern an und schauten zum Himmel, an dem ein Feuerwerk explodierte. Aus Silvester hatten sie sich noch nie viel gemacht, das war eine große Gemeinsamkeit von ihnen. Wie ihre Spaziergänge an oberbayerischen Seen. Sie genossen die Landluft, kehrten in einem Gasthaus ein, redeten wenig und fuhren jedes Mal vor Einbruch der Dunkelheit nach München zurück.

Am Walchensee waren sie schon mindestens zehn Mal gewesen. Im Sommer beobachteten sie die Surfer auf dem grünen See zwischen den dunklen Hängen, im Winter schätzten sie die Einsamkeit.

Am sechsten Januar, Heiligedreikönig, verließen sie gegen Mittag das Polizeipräsidium in der Ettstraße. Vier Stunden hatten die Kripobeamten sie vernommen, und sie hatten ihnen jede Frage ausführlich beantwortet. Im Grunde, sagte Klier, hätten er und seine Frau sich schon gewundert, warum sie diesmal nicht zum Essen eingeladen worden seien, da sie ja wussten, dass ihre Freunde verreisen würden, wie jedes Jahr.

Solche Sachen.

Der Geruch aus dem Dachgeschoss hatte die Nachbarn aufmerksam gemacht. Jeder hatte geglaubt, die Severins wären in Österreich. Dabei stand ihr Wohnmobil in der Garage, die sie extra für den großen Wagen hatten bauen lassen.

«Klo und Dusche sind getrennt», sagte Klier auf dem Nachhauseweg.

«Bitte?», sagte seine Frau.

«In dem Neunzigtausend-Luxus-Liner.»

«Glaubst du, sie verdächtigen uns?», fragte Elisabeth.

«Nein.»

«Bist du sicher?»

«Ja.»

«Wieso?»

«Die haben keine Ahnung, die suchen nach kaltblütigen Mördern, nicht nach Leuten wie uns.»

«Wir sind kaltblütig», sagte Elisabeth.

Auch an diesen Satz musste Klier später oft denken, wenn er zu Hause in seiner Dreizimmerwohnung in der Raintalerstraße saß und das gerahmte Foto seiner Frau betrachtete. Niemand wusste, wohin sie verschwunden war. Er hatte sie als vermisst gemeldet, doch die Polizei fand keine Spur. Sie misstrauten ihm, von Anfang an, deswegen durfte er auf keinen Fall wieder zum Walchensee. Das war ein tiefer See voller Strudel. Im Frühling wäre er gern noch einmal hingefahren, wegen der Schönheit der Natur, der grünen Farbe des Wassers, der Stille und dem vertrauten Gasthaus am See.

«Du hast mich zu einem Verbrecher gemacht», sagte er zum Foto seiner Frau. «Also habe ich mich bemüht, einer zu sein.»

Jeden Montag und jeden Donnerstag kaufte er den neuen *Kicker* und las jede Zeile darin. Nach und nach deprimierte ihn die Wohnung immer weniger.

Fünf

Den Stadtteil verließ er nur noch während des Fahrunterrichts. Das hätte er nie für möglich gehalten. Er war in Neuhausen auf die Welt gekommen, seine Schuljahre hatte er im Lehel verbracht, dann hatte er sich eine Wohnung in Schwabing gekauft. Jetzt empfand er eine Art Zugehörigkeit zu dem Viertel Giesing, in das er zunächst nur notgedrungen gezogen war. Eine Erklärung dafür hatte er nicht. Manchmal trank er Bier im Augustiner Stüberl auf der Tegernseer Landstraße, manchmal ging er türkisch, manchmal italienisch, manchmal tschechisch, manchmal griechisch essen. Abende jedoch, die er für wichtig oder auf eine eigentümliche Weise für besonders hielt, verbrachte er ausschließlich im «Schinkenpeter» in der Perlacher Straße. Im Sommer saß er unter den Kastanien im Biergarten, bei schlechtem Wetter an einem Tisch in der Nähe der Theke, immer allein, immer mit einer Ausgabe des *Kickers* oder einer Boulevardzeitung.

Am zweiundzwanzigsten Dezember, ein Jahr nach seinem letzten Besuch bei den Severins, entschied er sich für eines der riesigen, üppig belegten Brote, für die dieses Lokal, das früher Gastwirtschaft zum Walchensee geheißen hatte, bekannt war. Brot Nummer 3: Italienischer Parmaschinken, Emsländer Katenschinken, Südtiroler Bauernschinken, feine Kalbsleberwurst. Dazu bestellte er ein Schälchen Sahnemeerrettich, der mit duftender Kresse garniert war. Als der Kellner das ovale Holzbrett brachte, legte Klier die Zeitung beiseite, nahm bedächtig das Besteck und die rote Papierserviette vom Teller und schnitt ein Stück Brot ab. Er zögerte, bevor er es in den Mund steckte. Der Schinken roch würzig, das Brot war nicht zu dick geschnitten, die Butter dünn aufgetragen, obenauf lag ein großes Blatt vom Lollo Rosso mit zwei Peperoni, einem Tomatenstück und einer saftigen, sorgfältig eingekerbten Gurke.

Gideon Klier war glücklich. Er überlegte sogar, ob er sich nicht doch wieder ein Mobil kaufen sollte.

LINWOOD BARCLAY

Wichteltod

Eine Zack-Walker-Geschichte

Jeden Dezember, wenn Weihnachten vor der Tür steht, denke ich zurück an das Jahr, in dem ich einen toten Weihnachtswichtel im Kofferraum liegen hatte.

Es ist keine besonders schöne Erinnerung. Wir haben die Sache auch nicht zu einer Familientradition erhoben. Meine Frau Sarah sagt zum Beispiel nicht samstags vor dem 25. Dezember: «Weißt du was, Zack? Wir sollten rausgehen, einen Weihnachtsbaum schlagen und dabei nach einem toten Wichtel am Straßenrand Ausschau halten.» Vorsicht Wichtelwechsel.

Tatsächlich sprechen wir eher selten von dem Erlebnis mit dem toten Wichtel im Kofferraum. Ich rede nicht gern über Wichtel, nicht mal über lebende. Aber ich bin bereit, das Thema so lange zu ertragen, bis ich erzählt habe, was damals geschah.

Es war vor drei Jahren, und zwar ein paar Samstage vor Weihnachten. Sarah wollte ins Einkaufszentrum, in das riesige in der Innenstadt, das mehrere Häuserblocks groß ist. Dort wollte sie unter anderem nach einem Armband für unsere siebzehnjährige Tochter Angie suchen. Ich sollte mitkommen, weil wir für Angies fünfzehnjährigen Bruder Paul Zubehör für die neueste Generation irgendeiner lächerlichen Playstation besorgen mussten, und Sarah war aus unerfindlichem Grund der Überzeugung, dass ich mehr Ahnung von diesen Dingen hätte als sie. Dabei habe ich seit «Pong» kein einziges dieser Spiele mehr verstanden.

Wir hatten vorgehabt, die Weihnachtsgeschenke nach der Arbeit zu besorgen, aber dann musste Sarah in der Lokalredaktion der *Metropolitan* ein paar Extraschichten einlegen. Und obwohl ich als freier Autor einiger ziemlich erfolgloser Science-Fiction-Romane (veröffentlicht unter meinem eigenen Namen, Zack Walker) tagsüber Zeit genug gehabt hätte, Besorgungen dieser Art zu erledigen, mochte sie sie mir offenbar nicht anvertrauen.

Als ich erkannte, dass offenbar jeder einzelne Mensch auf der Welt an genau diesem Samstag in die Innenstadt zum Einkaufen fuhr, war es zu spät, die Operation abzubrechen und in die U-Bahn zu steigen. Normalerweise versuche ich, einen Parkplatz an der Straße zu finden, weil ich weiß, dass Sarah Besorgungen erstaunlich schnell erledigen kann, wenn ihr bewusst ist, dass die Parkuhr gleich abläuft, aber wir hatten keine Chance. Also fuhren wir ins Parkhaus, das bei diesem speziellen Einkaufszentrum tief hinunter zum Mittelpunkt der Erde führt – im Fahrstuhl nach oben hat man vermutlich gute Chancen, auf eine Jules-Verne-Expedition zu stoßen.

Ein riesiges Parkhaustor hob sich vor uns, als wir auf die Rampe einbogen. Ich hatte einen Parkwächter erwartet, der uns ein Ticket geben würde, aber stattdessen fanden wir dort eine Maschine und die schriftliche Anweisung, meine Kreditkarte durchzuziehen. Beim Hinausfahren würde ich diese Prozedur wiederholen müssen. Also zog ich das Portemonnaie aus der Hosentasche, fingerte meine Visa-Karte heraus, fuhr das Fenster herunter, zog die Karte durch die Maschine, ließ das Fenster wieder hochfahren, steckte die Karte in das Portemonnaie und das Portemonnaie zurück …

HUUUP!

Sarah sagte: «Ich glaube, du hältst den Verkehr auf.»

Ich schaute in den Rückspiegel.

«Saftsack», sagte ich.

Die Rampe, die in die Tiefen des Parkhauses hinabführte, war so steil, dass ich die ganze Zeit mit dem Fuß auf der Bremse stand. Wir arbeiteten uns spiralförmig hinunter, wie auf einem Korkenzieher in die Unterwelt. Als wir endlich auf dem Parkdeck ankamen, war Sarah und mir schwindelig.

Besser wurde es erst wieder, als wir aus dem Fahrstuhl in das Einkaufszentrum traten. Dort herrschte ein solches Gedränge, dass Sarah und ich kaum nebeneinandergehen konnten, einer von uns musste ständig den Entgegenkommenden ausweichen.

Wir erreichten das Elektronikgeschäft zuerst, also gingen wir hinein, um einen zusätzlichen Joystick und anderen Schnickschnack für Pauls Spielekonsole zu erwerben. An der Kasse stand bereits eine Schlange, darum griff sich Sarah irgendetwas aus dem Regal, stellte sich an und wartete, bis ich die Sachen zusammengesucht hatte, die wir wirklich kaufen wollten – den Joystick, eine Tasche für die Konsole und ein Buch mit geheimen Codes. Gerade als sie an der Kasse angekommen war, drückte ich sie Sarah in die Hand und brachte das Ding, das Sarah blind gegriffen hatte, zurück an seinen Platz. Die kleine Frau mit den tief eingegrabenen Zornesfalten auf der Stirn, die hinter Sarah in der Schlange stand und sich abmühte, einen Karton mit einem DVD-Player festzuhalten, warf uns einen tödlichen Blick zu.

Sarah gab dem Kassierer ihre Kreditkarte. Er zog sie einmal durch das Lesegerät, noch einmal, dann ein drittes Mal, aber die Maschine erkannte sie nicht. Die kleine Dame mit dem DVD-Player stieß einen lauten Seufzer aus und rollte mit den Augen. Ich schenkte ihr mein schönstes unaufrichtiges Lächeln. «Frohe Weihnachten», sagte ich.

«Du kannst mich mal», sagte sie.

Der Kassierer faltete mit aufreizender Sorgfalt ein Stück Papier um die Karte, zog sie sehr langsam nochmals durch das Lesegerät, und Bingo!, es klappte.

«Sie sollten sich vielleicht eine neue Karte besorgen», bemerkte die kleine Frau gereizt.

«Vielen Dank», entgegnete ich. Mit einem Blick auf den DVD-Player fragte ich: «Ein Geschenk für den besonderen Ewok in Ihrem Leben?»

Sie warf mir einen wütenden und gleichzeitig unsicheren Blick zu. Offenbar vermutete sie, beleidigt worden zu sein, ohne zu verstehen, auf welche Weise, also entschied sie sich gegen eine Erwiderung. Ganz sicher kein *Star-Wars*-Fan.

Ich sagte Sarah, dass ich vor dem Geschäft auf sie warten und einstweilen die Parade der panischen Weihnachtseinkäufer abnehmen würde. Ich fand eine Stelle, an der ich nicht im Weg stand, und schaute zu, wie die Horden vorbeizogen. Hunderte, wenn nicht Tausende von Menschen, ihre Gesichter vom Stress verzerrt, hasteten umher, um in der kurzen Zeit, die ihnen noch blieb, die richtigen Geschenke für die Lieben auf ihrer Liste zu finden, und dabei beteten sie zu Gott, dass die Weihnachtszeit möglichst schnell vorbeigehen möge.

Dann sah ich den Weihnachtsmann mit zwei seiner Wichtel.

Sie bahnten sich gemächlich den Weg durch die Menschen, und die Menge teilte sich vor ihnen. Santa rief sein «Ho-ho-ho!», und Wichtel eins und zwei verteilten Bonbons an die Kinder. (Ich konnte sie sofort voneinander unterscheiden, weil Wichtel eins ein Augenbrauenpiercing hatte. Offenbar hatten sich die Sitten am Nordpol etwas gelockert.)

Ich fand, dass ein so nobles Einkaufszentrum wie dieses bessere Darsteller hätte auftreiben können. Sie waren schon ein ziemlich bunter Haufen, dieser Weihnachtsmann und seine beiden Wichtel, eindeutig die Billigvariante. Der Weihnachtsmann, ein kleingewachsener, blutarm wirkender Typ, hatte sich mit einem verschlissenen roten Anzug herausgeputzt, der ihm um einiges zu groß war. In der einen Hand trug er einen blaukarierten Sack, der irgendwie mehr an einen Wäschesack erinnerte, und mit der anderen musste er alle paar Minuten seine viel zu weite Hose wieder hochziehen. Der Sack enthielt offenbar gar keine Süßigkeiten, sondern hing so an ihm herunter, als enthielte er nur ein paar kleine, aber schwere Dinge. Sein schütterer weißer Bart bestand ganz offensichtlich aus einer Packung Wattebäusche, die kaum sein unrasiertes Gesicht bedeckten.

Seine beiden Wichtel hätten die Rolle des Weihnachtsmannes besser ausgefüllt als er: Sie waren übergewichtig und sprengten fast ihre rot-grünen Kostüme. Ich war mir nicht ganz sicher, aber es sah so aus, als hätte der Kostümverleih aus Versehen Heinzelmännchen-Kostüme geschickt. Immerhin hatten sie sich die Gesichter grün angemalt und warfen mit Zuckerstangen aus kleinen goldenen Plastiktöpfchen um sich.

Vermutlich hatten sie nicht bemerkt, dass ihnen in etwa zwanzig Schritt Entfernung ein Wachmann folgte. Ohne den Blick von ihnen zu wenden, griff er nach seinem Funkgerät und sprach etwas hinein, das ich im allgemeinen Lärm nicht verstehen konnte.

«Okay», sagte Sarah, die plötzlich neben mir stand. «Jetzt lass uns doch mal sehen, ob wir ein Armband für Angie finden.»

«Klar», sagte ich und riss mich vom Weihnachtsmann und seinen Helfern los. «Du gehst vor.»

Beim Juwelier ließ sich Sarah schnell von all den

Vitrinen mit glitzernden Ringen und Ohrringen und Uhren ablenken.

«Falls du noch nicht weißt, was du mir schenken sollst», sagte sie und zeigte auf ein Paar Ohrringe, die 1500 Dollar kosten sollten, «diese hier sind geschmackvoll.»

«Wenn du das doch nur eher gesagt hättest», entgegnete ich. «Gerade gestern habe ich dir ein Paar Pantoffeln gekauft.»

Ich lotste sie von der Vitrine weg zu den Armbändern, deren Preisschilder zum Großteil den sofortigen Herzstillstand auslösen konnten.

Sarah wollte etwa hundert Dollar für Angie ausgeben. «Aber was wünscht sich Angie denn», fragte ich, «ein Armband mit Glücksbringern zum Sammeln?»

Sarah warf mir einen Blick zu. «Wie alt bist du noch gleich?»

«Warum? Trägt man diese Sammelarmbänder nicht mehr?»

«Deine Ignoranz in Sachen Schmuck und deine Abneigung, selbigen zu kaufen, sind in all den Jahren nicht unbemerkt geblieben», sagte Sarah.

«Habe ich erwähnt, dass die Pantoffeln aussehen wie kleine Häschen?», fragte ich lahm.

Ich hatte verstanden, dass Sarah bei der Auswahl eines Armbandes für unsere Tochter meine Hilfe nicht benötigte. Also schlenderte ich durch den Laden, schaute mir die Ausstellungsstücke an und tat dabei sehr interessiert.

Draußen im Einkaufszentrum hörte ich von weitem ein «Ho-ho-ho». Nicht sehr tief – und auch nicht besonders fröhlich.

Ein paar Minuten später sah ich zufällig hoch und bemerkte, dass Sarah mit ihrem Portemonnaie an der Kasse stand. Sie hatte sich für etwas entschieden und war dabei zu bezahlen.

Ich ging zu ihr hinüber. «Na, was gefunden?»

Sarah nickte. Die Frau, die ihr beim Aussuchen geholfen hatte, zog die Kreditkarte durch das Lesegerät. Einige Kundinnen warteten in der Schlange hinter Sarah. Eine davon war ausgerechnet die kleine Frau aus dem Elektronikgeschäft.

Sie konnte es kaum glauben, als sie erkannte, wer sie da schon wieder aufhielt. Ich fing ihren Blick auf und sagte: «Das ist aber ein Zufall.»

Nach einigen vergeblichen Versuchen, die Karte durch die Maschine zu ziehen, sagte die Verkäuferin zu Sarah: «Das ist wieder eine von diesen verdammten Karten.»

«In dem anderen Laden hatte ich auch schon Probleme damit», sagte Sarah entschuldigend.

«Davon kann ich ein Lied singen», bemerkte die kleine Frau spitz.

Die Verkäuferin faltete ein Stück Papier um die Karte, genau wie der Verkäufer im Elektronikgeschäft, und versuchte es erneut. Aber diesmal funktionierte der Trick nicht.

«Hier», sagte ich und reichte ihr meine Kreditkarte über den Ladentisch.

«Oh, danke schön», erwiderte sie und gab Sarah ihre Karte zurück.

«Ho-ho-ho!»

Ich drehte mich um und sah, dass der Weihnachtsmann und seine Wichtel den Laden betraten. Die Verkäuferin blickte auf, runzelte die Stirn und sagte: «Was machen die denn da?»

Dann brach, wie man so schön sagt, die Hölle los. Und zwar blitzschnell.

Wichtel eins und Wichtel zwei hatten plötzlich Revolver in der Hand. Ich weiß nicht, ob sie sie aus ihren grünen Strumpfhosen, ihren goldenen Plastiktöpfchen oder unter ihren rotgrün gestreiften Mützen hervorgezogen hatten, aber ich glaube, das spielt auch keine Rolle. Jedenfalls benutzten sie ihre Waffen, und zwar nicht nur, um die Kunden damit zu Tode zu erschrecken, sondern sie zerschmetterten mit den Kolben die gläsernen Vitrinen.

Der Weihnachtsmann hatte in der Zwischenzeit einen Revolver und einen Hammer aus seinem Sack geholt, wedelte rechts mit der Waffe und zerschlug mit dem Hammer in seiner Linken Vitrinen.

«Alle runter!», schrie der Weihnachtsmann.

Ich glaube, die meisten im Laden glaubten entweder nicht, was sie hörten, oder hatten Mühe zu begreifen, was vor sich ging.

Erst als der Weihnachtsmann nochmal mit dem Revolver wedelte und aus vollem Hals «Runter!» brüllte, kapierten wir endlich.

Wir legten uns auf den Boden.

Ich zog Sarah mit hinunter. Sie lag zu meiner Linken. Rechts lag die kleine Frau, die ihren DVD-Player hochkant neben ihren Kopf gestellt hatte, wie einen Schutzschild.

Während sie also den Weihnachtsmann und seine Wichtel nicht mehr sehen konnte, hatte ich freie Sicht. Alle drei trugen Handschuhe, damit sie sich nicht an den Glasscherben verletzten, während sie in die zertrümmerten Vitrinen langten und Hände voll Ketten und Uhren und Ohrringe in ihre Töpfchen und in den Sack des Weihnachtsmanns warfen. Ganz offensichtlich hatten sie die Lage schon vorher ausgekundschaftet. Sie wussten genau, wo die teure Ware lag.

Ich wünschte mir, dass sie sich einfach nähmen, was sie wollten, und dann wieder verschwänden. Bisher war noch niemand verletzt worden, und ich wollte unbedingt, dass das so blieb. Aber leider gerate ich immer wieder in schwierige Situationen, die sich rapide verschlimmern, und dieser Tag schien keine Ausnahme zu sein.

Diese Schlussfolgerung zog ich nur wenige Sekunden nachdem ich jemanden «Keine Bewegung!» schreien hörte. Es war der Wachmann, genau der, den ich kurz zuvor im Kielwasser dieser Clowns gesehen hatte. Er hatte seine Waffe gezogen und zielte auf Wichtel eins, der dem Wachmann halb zugewandt war und allerbeste Chancen hatte, einen Schuss abzugeben.

Aber es war Wichtel zwei, der zuerst schoss.

Er wirbelte herum, den Plastiktopf in der einen, den Revolver in der anderen Hand. Der Schuss traf den Wachmann an der linken Schulter. Der drehte sich um die eigene Achse und fiel gegen die Wand, konnte vorher aber noch einen Schuss abgeben. Für mich war es das erste Mal, dass ich sah, wie einem Weihnachtswichtel das halbe Gesicht weggeschossen wurde.

Wichtel zwei fiel zu Boden. Ich bin kein Fachmann auf diesem Gebiet, aber ich würde sagen, dass er sofort tot war. Die Leute schrien. Der Weihnachtsmann brüllte: «Scheiße!»

Der Wachmann war die Wand hinuntergeglitten, lag auf dem Boden des Juweliergeschäfts auf der Seite und krümmte sich vor Schmerzen. Der Revolver war ihm aus der Hand geglitten, aber keiner mochte hinüberrennen und die Waffe an sich nehmen. Wichtel eins und der Weihnachtsmann waren schließlich noch bewaffnet.

«Wir müssen raus hier!», brüllte Wichtel eins.

Der Weihnachtsmann warf sich den Sack mit den Schätzen über die Schulter und hastete mit seinem verbliebenen Wichtel auf den Ausgang zu. Dann blieb er plötzlich stehen und schrie zum zweiten Mal: «Scheiße!»

«Er hat die Schlüssel!», rief er. Der Weihnachtsmann kniete sich neben Wichtel zwei nieder und zuckte beim Anblick des vielen Bluts zurück, das inzwischen überall zu sein schien. Dann tastete er die Wichtelhosentaschen von Wichtel zwei ab. «Wo sind die verdammten Schlüssel?»

«Wir müssen raus!», schrie Wichtel eins.

Der Weihnachtsmann nahm all seinen Mut zusammen und wühlte in den Hosentaschen des Toten. Ich war mir nicht ganz sicher, aber ich glaubte, die Autoschlüssel ein paar Meter entfernt auf dem Boden gesehen zu haben, direkt unter dem Ladentisch. Wahrscheinlich waren sie Wichtel zwei aus der Tasche gefallen, als er auf dem Boden aufschlug.

«Wir brauchen einen Wagen!», schrie der Weihnachtsmann uns alle an, die wir flach auf dem Boden lagen.

Ich hatte meinen Arm um Sarah gelegt, die mit dem Gesicht nach unten neben mir lag. Zu meiner anderen Seite lag die kleine Frau und versuchte, sich hinter dem Karton mit dem DVD-Gerät zu verstecken.

Wahrscheinlich war es genau dieser Karton, der den Weihnachtsmann auf sie aufmerksam machte. Er kam herüber, trat ihn aus dem Weg und sagte zu der Frau: «Du. Los. Du fährst uns von hier weg.»

Sie schaute auf und kreischte: «Ich habe gar kein Auto! Hab ich nicht! Ehrlich!» Sie warf einen Blick auf mich, den Typen, der die Ewok-Bemerkung gemacht hatte, und witterte vermutlich ihre Chance – nicht nur ihr eigenes Leben zu retten, sondern auch, sich zu rächen. «Er hat eins! Ich wette, er hat ein Auto!»

Bevor ich auch nur irgendetwas sagen konnte, griff der Weihnachtsmann nach unten und bekam mich am Jackenkragen zu fassen. Er zog mich grob auf die Füße.

«Zack!», schrie Sarah.

Der Weihnachtsmann schubste mich in Richtung Ausgang. «Hören Sie», sagte ich, «ich bin wirklich nicht die beste Wahl, wenn es darum geht, einen Fluchtwagen zu steuern.»

Der Weihnachtsmann hielt mir die Pistole an die Schläfe. «Wo ist dein Auto?»

«Untergeschoss», erwiderte ich.

Und wir liefen los. Der Weihnachtsmann, Wichtel eins und ich rannten durch das Einkaufszentrum zu den Fahrstühlen, die nach unten zu den Parkdecks führten.

Dabei stieß dauernd die Waffe des Weihnachtsmanns in meinen Rücken, und Wichtel eins scheuchte hektisch die Menschen aus dem Weg. Es war das reinste Chaos. Die Leute kreischten, schrien und duckten sich hinter die Ladentische.

Gerade als wir die Fahrstühle erreichten, öffnete sich einer von ihnen, und ein junges Paar mit einem Kleinkind in einem Buggy trat heraus. Die Frau begann zu kreischen, als sie den bewaffneten Weihnachtsmann und seinen Kollegen sah. Der Weihnachtsmann winkte sie weiter, stieß mich hinein und schlug mit der Faust auf einen der Knöpfe. Die Türen schlossen sich, und der Fahrstuhl setzte sich in Bewegung.

Für einen kurzen Moment herrschte eine fast friedvolle Stille. Okay, ich war immer noch die Geisel des Weihnachtsmanns und seines Wichtels, aber immerhin hatte das Gekreische nachgelassen.

«Welche Ebene?», fragte der Weihnachtsmann.

«Äh …», sagte ich und versuchte fieberhaft, mich zu erinnern. «P2.»

Der Weihnachtsmann hatte auf P1 geschlagen und drückte jetzt den richtigen Knopf mit dem Zeigefinger.

«Jesus, Maria und Josef», sagte Wichtel eins, «hast du Roy gesehen? Sie haben ihm sein verdammtes Gesicht weggeblasen.»

«Pass auf den da auf», sagte der Weihnachtsmann zu seinem verbliebenen Wichtel und begann, sein Kostüm auszuziehen. Erst die Jacke, dann die übergroße Hose und die Mütze. Er trat alles in die Ecke des Aufzugs. Darunter trug er Jeans und ein Sweatshirt. Dann pflückte er die Wattebäusche von seinem Gesicht. Die Hälfte hatte er bereits geschafft, als er merkte, dass wir schon fast auf unserer Ebene angekommen waren.

«Was für ein Auto fährst du?», fragte Wichtel eins.

Was? Wenn er herausfand, dass ich ein ausländisches Auto und kein einheimisches fuhr, würde er dann lieber zu Fuß gehen?

«Einen Virtue», sagte ich.

Wichtel eins legte den Kopf zur Seite. «Ist das eins von diesen Hybrid-Dingern?»

Ich bejahte.

Er nickte anerkennend. «Das ist gut, man muss was für die Umwelt tun. Und die globale Erwärmung aufhalten.»

«Ich nehme an, dass das bei Ihnen da oben ein wichtiges Thema ist», sagte ich.

Wichtel eins schaute mich verständnislos an.

«Am Nordpol, du Trottel», klärte ihn der Weihnachtsmann auf.

«Warum interessiert es Sie, welches Auto ich fahre?», fragte ich.

«Roy hatte einen von diesen Lieferwagen ohne Fenster an den Seiten», erklärte der Wichtel. «In deinem Auto werden alle mein grünes Gesicht sehen, wenn wir von hier abhauen.»

«Nicht, wenn du im verdammten Kofferraum liegst», sagte der Weihnachtsmann und rupfte sich ein paar weitere Bartfetzen vom Gesicht. Die Fahrstuhltür öffnete sich. «Los jetzt!»

Mit der Pistole im Rücken führte ich sie durch das Parkhaus. Ich war so durcheinander, dass ich mich nicht mehr daran erinnern konnte, wo Sarah und ich geparkt hatten. Ich blieb stehen, um mich zu orientieren.

«Hast du nicht so ein Dings am Schlüssel?», fragte der Weihnachtsmann, der jetzt gar nicht mehr aussah wie ein Weihnachtsmann, trotz der restlichen Wattefussel im Gesicht.

Ich machte: «Hä?»

«Einen Alarmknopf?»

Ich zog meine Schlüssel heraus, drückte auf den roten Knopf, und zu unserer Linken ging mit lautem Heulen und Blinken eine Alarmanlage los. Ich drückte wieder auf den Knopf, um sie abzustellen. Ein paar Sekunden später standen wir vor dem Auto.

«Mach den Kofferraum auf», befahl der Weihnachtsmann.

«Ach, hör doch auf», sagte Wichtel eins.

«Die Bullen suchen nach dem Weihnachtsmann und einem grün angemalten Typen, der genau so aussieht wie du», sagte der Weihnachtsmann. «Besser, du versteckst dich dahinten drin, bis wir da sind, wo wir hinwollen.»

«Wo wäre das denn?», fragte ich. Wo war ich da bloß hineingeraten?

Der Weihnachtsmann sagte: «Halt's Maul.»

Wichtel eins kroch in den Kofferraum, der für ein Energiesparauto gar nicht so klein war. Er kauerte sich zusammen, damit der Weihnachtsmann die Klappe hinunterdrücken konnte, die sich mit einem Klicken schloss. «Geh ans Steuer», befahl er.

Das tat ich. Kaum saß der Weihnachtsmann neben mir, ließ ich den Motor an und fuhr aus der Parklücke.

«Immer langsam», warnte er und schaute dabei in den Rückspiegel, um sich die letzten Fusseln aus dem Gesicht zu klauben. Jetzt sah er kein bisschen mehr so aus wie die traditionsreiche Figur, die den Raubüberfall auf das Juweliergeschäft verübt hatte.

Inzwischen waren bestimmt schon Polizeiwagen in Richtung Einkaufszentrum unterwegs. Die Frage war bloß, ob sie schon da sein würden, bevor wir oben an der Ausfahrt anlangten. Sarah hatte der Polizei inzwischen zweifelsohne erzählt, in welchem Auto die bösen Jungs – und ihr Ehemann – fliehen würden.

«Mir wird schwindelig», klagte der Weihnachtsmann.

In engen Linkskurven fuhren wir die Rampe hinauf, rundherum und rundherum. Hinter den Rücksitzen hörten wir ein gedämpftes «Ich glaub, ich muss gleich kotzen».

«Er schafft das schon», sagte der Weihnachtsmann.

Endlich hörten die Kurven auf, und vor uns erschien das riesige Tiefgaragentor. Ich fuhr an den Kassenautomaten heran und ließ mein Fenster herunter. Nachdem ich bezahlt hatte, würde die Schranke hochgehen, und dann würde sich das Tor öffnen.

«Mach schneller», drängte der Weihnachtsmann.

«Wenn ich die Parkgebühr nicht bezahle, öffnet sich das Tor nicht», wandte ich ein.

Ich zog meine Brieftasche heraus, öffnete sie und suchte nach der Kreditkarte.

«Wo zum Teufel –», sagte ich.

«Mach schon!», schrie der Weihnachtsmann.

Da steckten eine ganze Menge Kreditkarten in der Brieftasche, aber nicht die, die ich brauchte. Und dann fiel mir wieder ein, wo sie war: Ich hatte sie Sarah gegeben, damit sie für das Armband bezahlen konnte, weil ihre eigene nicht funktioniert hatte.

«Äh …», sagte ich. «Wir haben ein Problem.»

Hinter uns hupte jemand.

«Was für ein Problem?», fragte der Weihnachtsmann.

«Die Kreditkarte, mit der wir hier rauskommen, ist noch im Laden.»

«Probier's mit einer anderen.»

«Das wird nicht funktionieren», belehrte ich ihn. «Es muss schon –»

«Tu's endlich!»

Also steckte ich eine Kreditkarte in den Automaten, von der ich wusste, dass sie nicht funktionieren würde. Dann steckte ich eine weitere Karte in den Automaten, von der ich ebenfalls wusste, dass sie nicht funktionieren würde.

Hinter uns hupte es noch einmal. Der Weihnachtsmann war inzwischen so frustriert, dass seine Wangen tatsächlich ein bisschen rosig aussahen. Er drosch mit seiner Pistole so heftig auf das Armaturenbrett, dass ich schon fürchtete, er würde die Airbags auslösen. «Verdammt nochmal!», fluchte er. Sein Blick huschte zwischen dem Automaten und dem Garagentor, das ihn von der Freiheit trennte, hin und her.

«Lehn dich zurück», sagte er.

«Was?»

Aber ich wusste schon, was er vorhatte, und tat wie befohlen. Er schoss durch das Fenster direkt in den Parkautomaten hinein. Die Detonation im Wagen war ohrenbetäubend, und es war ein Wunder, dass die Kugel nicht von dem Automaten abprallte und sich in mein Hirn bohrte.

Nun hielt der Typ hinter uns seine Hupe gedrückt. Vermutlich nahm er an, dass das Auto vor ihm abgewürgt worden war. Niemand bei klarem Verstand würde schließlich jemanden anhupen, der gerade versucht hatte, einen Parkautomaten zu erschießen.

Der Weihnachtsmann drehte sich in seinem Sitz um und richtete die Pistole nach hinten, um durch das Heckfenster des Virtue zu feuern und mit etwas Glück den Fahrer hinter uns umzupusten. Ich musste zugeben, dass ich mir selbst schon einige Male gewünscht hatte, diese penetranten Huper umzubringen, aber soeben fand ich nicht, dass diese Person ihr Todesurteil verdient hatte.

Darum schrie ich «Nein!», als der Weihnachtsmann den Abzug drückte, fiel ihm in den Arm und zog ihn herunter. Ein Schuss löste sich trotzdem, aber die Kugel bohrte sich in den Rücksitz, statt das Heckfenster zu durchschlagen.

Aus dem Kofferraum hörten wir ein *Ah!*.

Kein Schrei. Kein Kreischen. Nur … *Ah!*.

Der Weihnachtsmann sagte: «O Scheiße.»

«Weihnachtsmann», sagte ich, «ich glaube, Sie haben gerade Ihren Wichtel um die Ecke gebracht.»

Plötzlich ertönte ein lautes Rumpeln aus der anderen Richtung. Wir wirbelten beide herum. Das Garagentor öffnete sich langsam.

Schon bevor es ganz offen war, sahen wir, dass etwa die Hälfte aller Polizeiwagen der Stadt davorstanden. Mehrere Dutzend Polizisten hockten mit ihren Waffen im Anschlag hinter den Kotflügeln.

«Scheiße», sagte der Weihnachtsmann ein letztes Mal.

Abgesehen von diesem speziellen Weihnachtsmann habe ich im Allgemeinen nichts gegen Weihnachtsmänner, aber diese Sache hat mich doch sehr von den Wichteln abgebracht. Ich mag keine Wichtel. Ich hasse sie.

Aber längst nicht so sehr wie einkaufen gehen.

Deutsch von Katharina Naumann

LEENA LEHTOLAINEN

Die Weihnachtssterne

Eins

So nah war ich den Sternen noch nie gewesen. Wenn ich auf die Tellerantenne geklettert wäre, hätte ich mir einen vom Himmel pflücken können. Ich fasste das Geländer an, doch es war rutschig und voller Schnee. Natürlich wusste ich, dass die Sterne in Wahrheit nicht mit Händen zu greifen waren, doch jetzt, am Abend vor Weihnachten, schienen sie die Spitze des Turms im alten Bergwerksgelände von Arpikylä zu berühren.

Ich ging die schmale Treppe hinunter. Mein Mann Antti wartete mit unseren Freunden Ella und Matti Virtanen im Kupferkrug auf mich. Ich hatte allein auf den Turm steigen wollen, weil ich ein wenig Zeit für mich brauchte. In meiner Elternzeit waren mir solche Momente selten beschert.

Auf dem Bergwerkshügel lag Schnee, die historischen Gebäude, die ein neues Tourismusunternehmen sorgfältig restauriert hatte, dämmerten dem Frühling entgegen. Der Turm ragte trotzig in die Höhe, an seinen Mauern glommen phosphorfasrige Eiskristalle. Ich glaubte immer noch nicht, dass alle Trolle, die unter dem Hügel lebten, friedfertig waren.

Nachdem ich das Bergwerksgelände verlassen hatte, bog ich in die Hauptstraße ein. Die Kirche und die Schule standen an ihrem angestammten Platz, gelb verputzt wie schon in meiner Jugend. Dagegen hatten sich die anderen Gebäude verändert. Die Cafeteria, in der ich in den Schulpausen mit Jaska und Ella Kaffee getrunken hatte, existierte nicht mehr, ein Buchhaltungsbüro hatte ihren Platz eingenommen. Die obere Etage des Kupferkrugs war geschlossen, und im Erdgeschoss befand sich ein lärmiger Karaoke-Pub.

Ich stand davor und wollte gerade hineingehen, da hielt ein klappriger Nissan am Straßenrand.

«Maria! Mal wieder hier? Ich hab dich mindestens zwei Jahre nicht gesehen.»

Den Mann am Steuer hätte ich überall wiedererkannt. Er geisterte immer noch durch meine Träume, ob ich wollte oder nicht.

«Johnny! Wie geht's? Wir sind über Weihnachten bei meinen Eltern, ich hatte schon überlegt, dich anzurufen. Komm doch mit in den Kupferkrug.»

«Geht nicht, Miira muss ins Bett.» Johnny deutete auf das gut ein Jahr alte Mädchen, das im Kindersitz neben ihm schlummerte.

«Eure Jüngste?», fragte ich und lächelte, was mir nicht ganz leicht fiel. «Unsere Iida ist jetzt vier Monate alt.»

«Ella hat mir schon erzählt, dass du diesen Antti geheiratet hast. Na ja, ich hab mich mit Tuija ausgesöhnt, und dabei ist Miira entstanden», sagte Johnny, auch er ein wenig verlegen. «Bleibt ihr länger?»

«Wir fahren am Achtundzwanzigsten zurück.»

Johnny schlug vor, uns am Abend des ersten Feiertages zu treffen. Ich versprach, es mir zu überlegen, und öffnete die Tür zum Pub. Meine Wangen waren gerötet, und zwar nicht nur vom Frost. Ich holte mir bei der immer fröhlich grüßenden Bardame einen Whisky und eilte zu dem Tisch, an dem Antti mit Ella und Matti saß.

Ella kannte ich von Kindheit an. Wir hatten im selben Haus gewohnt, in der Schule nebeneinandergesessen, hatten uns gemeinsam unseren ersten Rausch angetrunken und Interrailreisen gemacht. Während des Studiums hatten wir nur selten Kontakt gehabt, aber nachdem Ella als Kulturreferentin nach Arpikylä zurückgekehrt war, hatten wir unsere Freundschaft wieder aufgefrischt. Ellas Mann Matti war Maler, ein sensibler, fröhlicher Bohemien. Als Künstler war er überaus begabt, aber vermutlich hätte er sich ohne Ellas Hilfe nicht einmal ein Brot schmieren können. Ich war froh, dass die Virtanens für diesen Abend einen Babysitter gefunden hatten. Für Antti und mich war es der erste gemeinsame Ausgang seit Iidas Geburt.

«Mir ist gerade Johnny über den Weg gelaufen», flüsterte ich Ella zu, als wir einen Moment allein waren, weil unsere Männer sich etwas zu trinken holten. «Verdammt nochmal, da kriege ich immer noch Herzklopfen. Ganz kommt man wohl nie …»

Im selben Moment schlug mir jemand auf die Schulter.

«Na, Bullenfrau? Bist du zu Weihnachten hier?»

Ich erkannte Maukka Härkönen schon an der heiseren, verrauchten Stimme. Er war einer der Mitschüler, die in Arpikylä geblieben waren, ohne weiterführende Ausbildung und ohne Arbeitsplatz. Maukka würde seinen vierzigsten Geburtstag kaum erleben, so elend sah er aus. Seine Augäpfel waren erschreckend gelb.

Er blieb an unserem Tisch stehen und quatschte uns die Ohren voll, trollte sich aber, als Antti zurückkam. Das Karaoke hatte begonnen, ich drängte Antti mitzumachen, doch er behauptete, er brauche mindestens noch drei Bier, bevor er einen Ton herausbrächte.

Eine große, vollbusige Frau mit lebloser blonder Dauerwelle stakste an die Bar. Das enge, für einen Winterabend zu dünne, geblümte Kleid reichte ihr bis zur Mitte der Oberschenkel, ihre Schuhe hatten mindestens zwölf Zentimeter hohe Absätze.

«Guck mal, Ella, ist das nicht das blöde Huhn aus unserer Klasse? Anneli oder so ähnlich?», erkundigte ich mich.

«Ja, das ist Anneli Soininen. Sie will offenbar singen.»

Anneli hatte einige Jahre lang mit uns in derselben Klasse gesessen, aber wir waren keine engen Freundinnen gewesen. Gelegentlich hatten wir zusammen in der Kneipe gehockt, und einmal hatte ich im Proberaum unserer Band verärgert beobachtet, wie sie versucht hatte, sich an Johnny heranzumachen. Als sie bei ihm abblitzte, hatte sie sich mit Jaska getröstet.

Annelis dünne, schrille Stimme passte nicht recht zu dem Lied, in dem es um einen untreuen Mann ging. An der gefühlvollen Interpretation war dagegen nichts auszusetzen. Vermutlich schöpfte Anneli das Pathos aus ihren eigenen Erfahrungen.

«Im Herbst nach Merittas Tod war Anneli mit Johnny Miettinen liiert», sagte Matti plötzlich. Mein Magen verkrampfte sich, und ich kippte hastig meinen Whisky. Johnny und die Frauen … Hoffentlich widmete Anneli ihr Lied nicht ihm.

Nach meinem dritten Whisky brachen wir auf. Antti hatte den Tretschlitten mitgenommen, und da der Weg zum Kalaton-See bergab führte, kamen wir rasch voran. Meine Brüste waren schwer, und ich malte mir aus, wie Iida hungrig schrie und meine Eltern, die wir als Babysitter zwangsverpflichtet hatten, vergeblich versuchten, sie mit einem Schnuller zu beruhigen. Doch meine Sorge erwies sich als grundlos. Erst um halb eins wurde Iida wach und wollte gestillt werden.

Der Heiligabend brach an, hell und klar bei siebenundzwanzig Grad unter null. Gegen halb zehn ging die Sonne auf, ein violett-oranger Streifen am Horizont. Ich schmückte den Baum, das war schon in der Kindheit meine Aufgabe gewesen. Iida starrte gebannt auf die goldenen Kugeln und die roten Herzen.

«Ihr kommt doch sicher eine halbe Stunde mit dem

Baby zurecht? Ich will kurz auf den Friedhof. Wann kommen Eeva und Helena mit ihren Familien?»

«Wir haben abgemacht, dass wir um fünf Uhr essen, um halb sieben erwarten wir den Weihnachtsmann. Wir waren schon am Familiengrab. Zu wessen Grab willst du denn?»

«Zu Jaskas und Merittas. Kann ich euren Wagen nehmen?»

Vor zweieinhalb Jahren hatte ich als Urlaubsvertretung des Ortspolizeidirektors in Arpikylä gearbeitet und einen Mordfall aufklären müssen, in den mehrere meiner alten Freunde verwickelt gewesen waren. Das erste Opfer, Meritta Flöjt, war vom Bergwerksturm gestoßen worden, und bald darauf hatte man auf der Abraumhalde die Leiche ihres Bruders, meines Klassenkameraden Jaska, gefunden. Ich nahm Grabkerzen und zwei Fichtenkränze mit. Als ich auf dem schmalen freigeschaufelten Pfad über den Friedhof ging, dachte ich bei mir, dass ich Jaska eigentlich eine Schnapsflasche aufs Grab hätte legen sollen.

Jari Juhani Korhonen 1964–1994. Merja-Riitta (Meritta) Flöjt, geb. Korhonen, 1956–1994. Die Geschwister lagen nebeneinander, obwohl sie sich zu Lebzeiten nicht besonders gut verstanden hatten. Meritta war eine bekannte Malerin gewesen. Jaska wiederum hatte sich mühsam über Wasser gehalten, indem er in diversen Bands spielte. In den letzten Jahren seines Lebens hatte der eingefleischte Rockmusiker sich dazu herablassen müssen, Tango und Foxtrott zu spielen. Hoffentlich durfte er jetzt in der himmlischen Band zusammen mit John Lennon musizieren. Bei der Vorstellung von Jaska mit seiner Gitarre auf einer Wolke lächelte ich unter Tränen.

Um zwölf Uhr wurde der Weihnachtsfrieden verkündet. Iida schlief in meinen Armen ein. Antti schob den Kartoffelauflauf in den Ofen, und meine Mutter bereitete den Heringssalat zu. Da klingelte es.

«Wer kann das sein, um diese Zeit?» Mein Vater eilte an die Tür. In Arpikylä herrschte das ungeschriebene Gesetz, dass man seine Mitbürger an Heiligabend ab zwölf Uhr, wenn die Geschäfte schlossen, nicht mehr störte.

«Ist Maria da?» Johnnys Stimme klang belegt, er stürmte ins Wohnzimmer, ohne den Mantel auszuziehen. «Entschuldigung, dass ich an Heiligabend störe, aber ... Miira ist verschwunden!»

«Was?!» Ich legte Iida vorsichtig aufs Sofa. Johnny sah furchtbar aus, seine Augen glühten wie schwarze Löcher in seinem scharfkantigen Gesicht, das so weiß war wie verharschter Schnee.

«Ich wollte meiner Großtante im Altersheim einen Christstern bringen und hab Miira mitgenommen. Die beiden Großen hatten keine Lust mitzufahren, weil gerade ein Zeichentrickfilm im Fernsehen lief. Tuija hatte mich gebeten, auf dem Rückweg noch schnell Mandeln für den Reisbrei zu kaufen. Miira war im Kindersitz eingeschlafen, deshalb hab ich sie in der Tiefgarage im Auto gelassen. Ich war bloß ein paar Minuten im Laden, aber als ich zurückkam, war Miira weg.»

Iida gluckste im Schlaf, ich strich ihr über die spärlichen Haare.

«Hoffentlich warst du so schlau, die anderen Leute im Parkhaus zu fragen, ob sie etwas gesehen haben?»

Johnny schüttelte den Kopf. Zuerst hatte er angenommen, Miira sei aufgewacht und habe sich irgendwie aus den Haltegurten geschlängelt. Sein alter Nissan hatte keine Zentralverriegelung, und er hatte vergessen, die Tür auf der Beifahrerseite abzuschließen. Er hatte im Parkhaus nach Miira gerufen und war dann auf die Straße gelaufen, um nach ihr zu suchen. Einige Passanten hatten sich ihm angeschlossen, und einer von ihnen hatte schließlich die Polizei alarmiert.

«Antikainen wusste nicht, was er davon halten sollte. Er meinte, es wäre vielleicht ein Weihnachtsscherz meiner Schüler. Letztes Jahr haben sie eine Silvesterrakete in unserem Briefkasten hochgehen lassen», berichtete Johnny, der als Sportlehrer in der Sekundarstufe arbeitete.

«Ist Antikainen etwa ganz allein gekommen?»

«Nein, Timonen und Hopponen waren dabei, sie wollten sich in der Nachbarschaft umhören. Aber keiner hat etwas gesehen.» Johnnys verzweifelte Stimme schnitt mir ins Herz.

«Und aus deinem Wagen wurde sonst nichts gestohlen?»

«Nein. Auch der Kindersitz ist noch da. Nur Miira und ihr Teddy sind weg.»

Ich fragte Johnny, in welchem Teil des Parkhauses er

seinen Wagen abgestellt hatte. Am hinteren Ende, antwortete er, weil es dort ruhig war und Miira ungestört schlafen konnte. Also hatte der unbekannte Entführer vermutlich neben Johnnys Nissan angehalten, das schlafende Kind in sein eigenes Auto gelegt und war unbemerkt davongefahren.

«Ist Antikainen jetzt auf dem Revier?», fragte ich und holte mein Handy. Bei meinem Vertretungsjob hatte ich alle Mitarbeiter der Ortspolizei kennengelernt. Der geschäftige Antikainen würde sicher sein Bestes geben, doch was die Erfolgsaussichten betraf, hegte ich Bedenken.

«Maria, heute ist Iidas erstes Weihnachten. Du bist hier nicht im Dienst.» Antti war hörbar aufgebracht. Ich ignorierte seinen Einwand.

«Hallo, Antikainen, Maria Kallio hier. Danke, gut. Hör mal, Johnny Miettinen ist hier, er hat mir gerade erzählt, dass seine Tochter verschwunden ist. Ich darf mich wohl dem Suchtrupp anschließen?»

Ich sah, dass Antti und meine Eltern vielsagende Blicke wechselten. Dann hob Antti die schlafende Iida behutsam vom Sofa auf und trug sie in mein altes Kinderzimmer, wo ihr Gitterbettchen stand. Antikainen berichtete inzwischen, er habe Verstärkung aus Liperi und Polvijärvi angefordert. An den Feiertagen waren nur wenige Beamte im Dienst, gerade genug, um bei den Familienstreitigkeiten und Prügeleien eingreifen zu können, mit denen auch an Weihnachten zu rechnen war.

«Miettinen und ich kommen rüber», unterbrach ich

Antikainen. «Los, Johnny!» Ich zog den Mantel an und wandte mich an Antti: «Iida hat sich satt getrunken, sie müsste mindestens bis vier Uhr auskommen. Gib ihr das Fläschchen, wenn ich bis dahin nicht zurück bin. Ich ruf dich an.»

Antti schwieg. Um ehrlich zu sein, kamen auch mir Zweifel an meiner spontanen Aktion, als ich zu Johnny in den Nissan stieg.

«Du bist ein echter Kumpel», sagte Johnny unbeholfen. Ich hätte beinahe erwidert, dass ich ihm ja schon einmal das Leben gerettet hatte, hielt meine Zunge aber im Zaum.

«Die Polizei wird Miira sicher finden, aber zusätzliche Kräfte sind immer nützlich. Hast du irgendwelche Feinde? Oder Tuija? Hat ein Patient von ihren Amalgamfüllungen den Tinnitus gekriegt? Hast du eine enttäuschte Geliebte?»

«Tuija ist eine gute Zahnärztin, alle mögen sie.»

Tuija hatte es Johnny zufolge kaum über sich gebracht, zu Hause bei Miiras Geschwistern Vilma und Tuomas zu bleiben. Lieber wäre sie kreuz und quer durch Arpikylä gerannt, um ihre Jüngste zu suchen.

Ich wagte nicht einmal daran zu denken, wie ich mich fühlen würde, wenn mein eigenes Kind verschwunden wäre, noch dazu an Heiligabend. An der Spitze des Tannenbaums vor dem Rathaus leuchtete wie zum Spott ein Stern, und zum ersten Mal ließ ich den Gedanken zu, dass wir Miira vielleicht nicht lebend finden würden.

Zwei

Antikainen hatte es ganz allein geschafft, das Polizeirevier in ein Tollhaus zu verwandeln. Er sprach gleichzeitig an zwei Telefonen, das dritte klingelte in dem Dienstzimmer, das Hopponen und Timonen sich teilten. Ich marschierte kurzerhand hin und nahm den Hörer ab.

«Tuija Miettinen am Apparat. Ist Johnny bei euch?»

«Ja. Hast du etwas Neues erfahren?»

«Nein, nichts ...» Tuija schluchzte auf und putzte sich dann resolut die Nase. «Bist du das, Maria? Was machst du auf dem Revier?»

Ihre Stimme klang abweisend, wie immer; wir mochten uns nicht. Ich sagte, ich sei gekommen, um bei der Suche zu helfen, verschwieg jedoch, dass Johnny mich geholt hatte. Schließlich reichte ich den Hörer an ihn weiter. Antikainen hatte seine Telefonate inzwischen beendet.

«Ich habe eine Meldung an den Lokalsender und für den Bildschirmtext rausgegeben. Die Streifenbeamten gehen von Haus zu Haus, um Leute ausfindig zu machen, die zur fraglichen Zeit in dem Laden waren. Vielleicht weiß jemand, wer neben Miettinens Nissan geparkt hat. Zwei Anrufer erinnern sich, in der Ecke einen kleinen grauen Ford gesehen zu haben. Ich sehe gleich im Zulassungsregister nach, wer hier in Arpikylä so einen Wagen besitzt.»

«Gut. Gib mir mal das Telefon.»

Es war mir peinlich, an Heiligabend zu stören, aber es ging immerhin um einen Notfall.

«Ella? Maria hier. Danke gleichfalls. Hör mal, du hast gestern von Johnny und Anneli Soininen gesprochen. Wie geht es Anneli eigentlich?»

«Nicht besonders gut. Sie trinkt viel, genau wie früher.»

«Sie hat keine Familie, keine Kinder?»

«Nein. Wahrscheinlich hat sie so viele Abtreibungen hinter sich, dass sie keine mehr kriegen kann. Aber warum fragst du mich an Heiligabend über Anneli aus?»

Ich erzählte Ella, dass Miira Miettinen verschwunden war. Sie schwieg einen Moment, dann rief sie Matti ans Telefon.

«Anneli Soininen? Sie ist meine Schülerin in der Erwachsenengruppe der Kunstschule. Was ist mit ihr?»

Nach einigem Zögern war Matti bereit, mir von Anneli zu erzählen, die mehr als einmal versucht hatte, ihn abzuschleppen. Der Malkurs, der einmal wöchentlich stattfand, war nach Mattis Einschätzung eine Kraftquelle für Anneli. In letzter Zeit habe sie nur Kinder gemalt, vorwiegend kleine blonde Mädchen.

«Bei der Adventsfeier der Kunstschule hat sie lauthals verkündet, sie wolle ein Kind und sonst gar nichts. Die Männer seien alle Taugenichtse, wir täten nichts anderes, als Frauen zu betrügen und sitzenzulassen, aber ein Kind würde einem ganz allein gehören.»

Ich bedankte mich bei Matti, legte auf und suchte im

Telefonbuch nach Annelis Adresse. Sie wohnte in einem Mehrparteienhaus im Stadtteil Mustola. Als wäre ich in meinem eigenen Dienstzimmer, setzte ich mich an Hopponens Schreibtisch und rief Johnny zu mir.

«In welchem Verhältnis stehst du zu Anneli Soininen?»

Johnny wurde rot. «Was ist mit Anneli?»

«Du warst doch nach Merittas Tod mit ihr zusammen. Ich habe dich vorhin nach enttäuschten Geliebten gefragt. Gibt es außer Anneli noch weitere?»

Ich wusste, dass meine Fragen boshaft klangen. Johnny brachte mich eben immer noch dazu, mich seltsam zu verhalten. Er stand auf, sah mich genervt an und schlug mit der Faust gegen die Wand.

«Ich war mit keiner anderen Frau zusammen, seit ich zu Tuija zurückgekehrt bin! Anneli war einfach ... Ihr hattet mich alle im Stich gelassen, du, Meritta und Tuija. Irgendjemanden brauchte ich einfach. Aber Anneli war so aggressiv. Sie wollte unbedingt ein Kind von mir, weil ich angeblich so gute Gene habe», stöhnte Johnny.

«Du armer Kerl. Es ist bestimmt nicht leicht, der schönste Mann der Stadt zu sein», entgegnete ich kühl. «Statt Anneli ein Kind zu machen, bist du zu Tuija zurückgekehrt, und prompt ist sie schwanger geworden.»

«Willst du damit andeuten, das verrückte Weibsbild hat unsere Miira gekidnappt, um sich zu rächen?»

«Möglich wäre es. Ich brauch ein paar Informationen. Wohnen Annelis Eltern immer noch hier?»

«Ja, in der Korpikatu. Matti und Airi Soininen.» Johnny versetzte dem Stuhl einen Tritt. Antikainen steckte den Kopf zur Tür herein und verkündete, in Arpikylä seien zwei graue Fords des gesuchten Modells registriert.

«Einer davon gehört Anneli Soininen, stimmt's?», fragte ich. Antikainen sah mich verblüfft an.

«Richtig. Aber woher weißt du das?»

Ich gab ihm keine Antwort, denn ich wollte so schnell wie möglich Annelis Eltern anrufen. Sie erzählten, ihre Tochter habe vor anderthalb Stunden angerufen und gesagt, sie komme nicht zum Weihnachtsessen, weil sie Besuch habe. Die Geschenke würde sie ein andermal bringen.

«Sie hat noch gesagt, sie hätte ein ganz besonderes Geschenk für uns», berichtete Annelis Mutter zögernd. «Natürlich wieder ein neuer Mann, wahrscheinlich keinen Deut besser als die bisherigen.»

Ich versuchte mich zu erinnern, welchen Eindruck ich in der Schulzeit von Anneli gewonnen hatte. Aufbrausend war sie gewesen; nach ein paar Bier hatte man sich vor ihr in Acht nehmen müssen. Einmal hatte sie auf Sanna Hänninen eingeschlagen, weil die sich geweigert hatte, Anneli ihre letzte Zigarette abzutreten.

«Antikainen! Ruf die Streifen zusammen. Besorg für die Kollegen von außerhalb unmarkierte Fahrzeuge. Wir fahren nach Mustola. Johnny, du gehst nach Hause und beruhigst Tuija.»

«Ich fahre auch nach Mustola.»

«Auf keinen Fall! Wer weiß, wie Anneli reagiert,

wenn du dort auftauchst. Geh zu Tuija, da gehörst du hin.»

Antikainen sah uns mit gerunzelter Stirn an und verzog sich dann pfeifend auf den Flur. Der Mistkerl hatte begriffen, dass ich den Heiligabend nicht für jeden geopfert hätte.

Johnny ging, wenn auch unter Protest. Ich bat Antikainen, Anneli Soininens Nachbarn ausfindig zu machen und zu fragen, ob sie in Annelis Wohnung eine Kinderstimme gehört hatten.

Als die Streifenbeamten auf dem Polizeirevier eintrafen, erläuterte ich meinen Plan. In erster Linie ging es darum, ohne Gewaltanwendung in Annelis Wohnung zu gelangen. Ich gab den Männern Anweisung, ihre Waffen verdeckt zu tragen, denn die Sicherheit des Kindes hatte Vorrang.

«Ein Nachbar sagt, in der Wohnung weint ein Kind», rief Antikainen vom Telefon her.

«Okay, auf geht's!» Ich nahm den leuchtend roten Christstern vom Tisch im Pausenraum und wickelte ihn hastig in Zeitungspapier. Zum Glück hatte Antikainen seinen hellgrauen Lada vor dem Polizeigebäude geparkt. Er setzte mich in Mustola vor einem Laden ab.

Es war erst halb vier, aber schon stockdunkel. Auf der Höhe von Arpikylä stand die Sonne um Weihnachten nicht lange am Himmel. Die Sterne blinkten, sie schienen viel weiter entfernt als am vorigen Abend. Der Frost nahm mir den Atem, und meine Wimpern waren schon nach zweihundert Metern bereift. Da die Haustür nicht verriegelt war, konnte ich direkt in die erste Etage hinaufgehen. An der eingebeulten Wohnungstür mit dem Namensschild «Soininen» hing ein Weihnachtsengel. Ich blieb an der Tür stehen und horchte. Eine dünne, schrille Frauenstimme sang «Stille Nacht, heilige Nacht», doch zwischen den Tönen war das Schluchzen eines kleinen Kindes zu hören.

Ich hatte Antikainen gebeten, beim Hausmeister den Generalschlüssel zu besorgen, wollte es aber zuerst im Guten versuchen. Also biss ich die Zähne zusammen und klingelte.

Der Gesang brach ab, das Schluchzen nicht. Eine Weile passierte gar nichts. Als ich noch einmal klingelte, waren Schritte zu hören, dann wurde die Tür vorsichtig geöffnet.

Anneli trug das geblümte Kleid, in dem ich sie am Vorabend gesehen hatte, war diesmal aber dezenter geschminkt. Auf dem Kopf hatte sie eine Wichtelmütze, und um den Hals hing eine goldene Girlande. Christbaumschmuck.

«Frohe Weihnachten», sagte ich und hielt ihr den Christstern entgegen.

«Frohe Weihnachten», antwortete Anneli verblüfft und nahm die Blume in Empfang. «Von wem ist ... He, bist du nicht die Maria ... Maria Kallio?»

«Du erinnerst dich noch an mich?»

«Du hast dich kaum verändert. Aber warum bringst du mir Blumen?»

«Zur Erinnerung an alte Zeiten. Weißt du noch, wie

wir uns an Weihnachten 77 in die Party der Oberstufe eingeschlichen haben?»

Es wunderte mich nicht, dass Anneli mich verblüfft ansah, denn das Ereignis hatte nie stattgefunden.

«Bist du allein? Koch uns doch einen Kaffee, dann plaudern wir ein bisschen über die alten Zeiten.»

Ein kleines Mädchen mit blonden Locken tapste in den Flur. Ihr Gesicht war tränenüberströmt, doch ich erkannte die Ähnlichkeit mit Johnny sofort. Das Kind hielt einen flauschigen Teddy in der Hand.

«Du hast ein Kind? Wie niedlich. Wie heißt du denn?», fragte ich und beugte mich zu der Kleinen hinunter, die erschrocken zurückwich.

«Janneli kann noch nicht sprechen», sagte Anneli rasch. «Sie ist erst anderthalb. Ist sie nicht süß? Sie hat aber auch einen schönen Vater.»

«Bestimmt. Kenne ich ihn?»

Anneli lächelte durchtrieben und winkte mich herein. Ihre Wohnung war klein, nur ein Zimmer und Küche. Das Wohnschlafzimmer schmückte ein großer, mit goldenen Kugeln und silbernen Engeln behängter Tannenbaum, unter dem viele Geschenke lagen. Anneli ging in die Küche und löffelte Kaffee in den Filter. In Arpikylä war es Sitte, jeden Besucher mit Kaffee zu bewirten.

«Janneli ist ein ungewöhnlicher Name», tastete ich mich vor.

«Eine Zusammensetzung aus Jarmo und Anneli. Wie in *Die Reichen und die Schönen*, da haben Ridge und

Brooke ihre Tochter Bridget genannt. Das hat mich auf die Idee gebracht.»

«Dann heißt der Vater also Jarmo? Doch nicht etwa Miettinen, der Sportlehrer?»

Anneli nickte zufrieden. «Er verlässt seine zickige Frau und zieht zu uns. Bestimmt kommt er noch heute, wegen Janneli.»

In dem Augenblick klingelte es. Ich runzelte verärgert die Stirn. Zusätzliche Gäste waren in meinem Plan nicht vorgesehen. Warum hatte der verflixte Antikainen sie nicht aufgehalten?

Die Klingel schrillte erneut, fordernder als beim ersten Mal. Jemand hämmerte mit der Faust gegen die Tür.

«Lass mich rein, du übergeschnappte Hexe! Ich will mein Kind!»

Ich erkannte Tuijas bange Stimme sofort. Was zum Teufel hatte sie hier zu suchen? Anneli lächelte verschlagen und tastete das Spülbecken hinter sich ab. Plötzlich hielt sie ein Brotmesser in der Hand. Sie schnappte sich Miira, die zur Tür gelaufen war, als sie die Stimme ihrer Mutter hörte. Anneli hielt dem Mädchen das Messer an den Hals.

«Das ist nicht dein Kind, sondern Jarmos und meins!», rief sie. Miira hatte wieder angefangen zu weinen. Annelis Hand zitterte.

«Anneli, lass die Kleine los. Du willst doch nicht, dass ihr etwas passiert.» Ich bemühte mich, ruhig zu sprechen. «Jarmo Miettinen ist es nicht wert, dass du seinetwegen einem Kind Schaden zufügst.»

Anneli drehte sich zu mir um. Ich erschrak, als ich den Hass in ihren Augen sah.

«Woher willst du das wissen?»

«Ich war auch mal in ihn verliebt. Lass das Kind los, dann reden wir darüber.»

Anneli umklammerte Miira noch fester. Ich hörte, wie sich jemand am Schloss zu schaffen machte.

«Lass Miira los», wiederholte ich.

«Sie heißt nicht Miira, sondern Janneli!» Anneli stieß das Kind beiseite und stürzte sich mit gezücktem Messer auf mich. Ich konnte ausweichen, bekam sie am Handgelenk zu fassen und drehte ihr den Arm auf den Rücken. Anneli schrie vor Schmerz auf und versuchte mich zu beißen, doch ich ließ nicht locker. Lange konnte sie dem Profigriff nicht standhalten. Ich warf das Messer auf die Hutablage und öffnete die Tür. Sie knallte Antikainen, der mit einem Dietrich am Schloss herumfummelte, gegen die Stirn.

«Miira! Mamas kleiner Schatz!» Tuija stand an der Tür, in einen übergroßen Pullover gehüllt. In ihrem Rücken beruhigte Johnny die größeren Kinder. Miira warf sich in die Arme ihrer Mutter. Beide begannen laut zu heulen.

«Antikainen! Ich hatte ausdrücklich gesagt, keine Außenstehenden!», brüllte ich, als wäre ich immer noch Antikainens Chefin.

«Aber die Miettinens sind doch keine … Und jetzt ist ja alles in Ordnung.»

«Nicht ganz», sagte ich und zeigte auf Anneli, die auf

dem Fußboden kauerte und sich das Handgelenk rieb. «Tut es sehr weh? Sollen wir dich zum Notarzt bringen?»

Anneli schüttelte zitternd den Kopf. Aus ihren wirren Worten reimte ich mir zusammen, dass sie sich ärgerte, weil wir wegen der ungebetenen Gäste nicht einmal dazu gekommen waren, unseren Kaffee zu trinken. Ich sah Antikainen auffordernd an.

«Trink du den Kaffee mit Anneli, als Junggeselle hast du Zeit. Anschließend bringst du sie zu ihren Eltern. Der Besuch beim Staatsanwalt kann wohl bis nach Weihnachten warten.»

Ich fühlte mich entsetzlich müde. Dieser verdammte Antikainen, begriff er überhaupt, dass es wegen seiner Unachtsamkeit beinahe zur Katastrophe gekommen wäre? Ich ging ins Treppenhaus, wollte so schnell wie möglich weg. Da fiel mir Tuija um den Hals.

«Maria! Ich bin dir ja so dankbar! Wer weiß, was die Irre Miira angetan hätte.» Sie rieb ihr tränennasses Gesicht an meinen Haaren.

«Nichts zu danken. Ich hab selbst ein Kind», sagte ich, ging die Treppe hinunter, ohne Johnny anzusehen, und bat Timonen, mich zu meiner Familie zu fahren.

Inzwischen waren meine Schwestern mit ihren Familien und Onkel Pena angekommen, im Haus meiner Eltern herrschte fröhlicher Trubel. Endlich konnten wir Weihnachten feiern, mit allem, was dazugehört. Wir stopften uns den Bauch voll, tranken Rotwein, die Kinder freuten sich über ihre Geschenke, und ich suchte vergeblich nach einem ruhigen Winkel, um das Buch zu lesen, das ich geschenkt bekommen hatte. Gegen halb zehn klingelte es.

«Noch ein Weihnachtsmann!», jubelte Saku, der dreijährige Sohn meiner Schwester Eeva, und rannte zur Tür. Gleich darauf kam er ins Wohnzimmer zurück.

«Da ist ein Onkel, der will Maria sprechen.»

«Nicht schon wieder», stöhnte Antti. Ich stand auf und ging in den Flur. An der Tür stand Johnny mit einem in Zellophan verpackten weißen Christstern.

«Du bist so schnell verschwunden, dass ich mich gar nicht bedanken konnte …»

«Das wäre nicht nötig gewesen.»

«Tuija meint, eine Flasche Whisky wäre dir lieber als Blumen, aber der Alko-Laden hat ja noch ein paar Tage zu.»

«Tuija ist eine kluge Frau. Du solltest versuchen, sie ein bisschen besser zu behandeln.»

Johnny trat gegen einen Schneeklumpen, ich betrachtete abwechselnd ihn und die Sterne, die zum Greifen nahe schienen. Einer überstrahlte alle anderen, wie es sich am Weihnachtsabend gehört. Ich hatte Johnny nichts zu sagen, freute mich aber, dass er gekommen war. Offenbar hatte ich allmählich gelernt zu akzeptieren, dass ich Johnny auf irgendeine Weise immer lieben würde. Ich konnte dieses Gefühl nicht aus meinem Herzen vertreiben, auch wenn es nicht mit der Liebe vergleichbar war, die ich für Antti empfand.

«Geh nach Hause, sonst erfrieren wir noch alle beide»,

sagte ich zu Johnny, dessen Nase sich bereits rot färbte. Ich nahm ihm die Blume ab und küsste ihn auf die Wange. Dann ging ich zurück ins Haus, um Iida zu stillen.

Deutsch von Gabriele Schrey-Vasara

FELICITAS MAYALL

Euer Wille geschehe

Es hatte nach einem milden Winter ausgesehen, einem dieser halbgaren, feuchtkalten, ewig dauernden. Doch kurz vor Weihnachten war es plötzlich eisig geworden, und die Stadt wirkte seitdem wie schockgefroren. Trotzdem gab Pater Ignazius seine täglichen Wanderungen an der Isar nicht auf. Allerdings reduzierte er sie auf eine Stunde, von neun bis zehn. Pater Ignazius betrachtete diese Wanderungen als eine Form der Meditation, Jahreszeitenmeditation, Wettermeditation, Begegnungsmeditation. Seit Jahren schon machte er das; es hatte ihm lange Zeit eine freundliche Nähe zum Leben außerhalb seines Franziskanerordens beschert.

Manche Begegnungen allerdings waren weniger freundlich, immer dann etwa, wenn einer der vielen freilaufenden Hunde die lange braune Kutte des Paters verdächtig fand, ihn verbellte oder steifbeinig und knurrend umkreiste. Pater Ignazius folgte dann seinem großen Vorbild und sprach mit den Tieren, was nicht immer von Erfolg gekrönt war. Im Gegenteil, manche Hunde schien diese Art der Kontaktaufnahme noch mehr zu erbosen, obwohl Pater Ignazius keineswegs zu ihnen predigte, wie es einst der heilige Franziskus getan hatte.

Die Geschichte von der Zähmung des Wolfs beschäftigte Pater Ignazius seit Jahren. Franziskus hatte in der Nähe von Assisi einen Wolf geradezu in ein Lamm verwandelt. Mehrmals hatte Pater Ignazius die kleine Kapelle besucht, die inmitten von Gemüsegärten und Obstbäumen etwas außerhalb von Assisi an dieses Wunder erinnerte. Die Frommen kratzten dort den Putz von den Wänden, um ein Stück dieser Kraft mit sich zu nehmen, und auch der Pater hatte ein bisschen etwas abgeschabt, in der Hoffnung, dass es ihm bei der Besänftigung knurrender Hunde helfen möge. Es half nicht. Deshalb war in Ignazius allmählich die Überzeugung gewachsen, dass bestimmte Fähigkeiten nicht zu erwerben waren, sondern nur außergewöhnlichen Menschen verliehen wurden. Von Gott.

Diese Erkenntnis machte Pater Ignazius gelassener bei seinen Begegnungen mit schwierigen Hunden. Er sprach nicht mehr zu ihnen, blieb einfach stehen und wartete, bis sie von ihren Besitzern zur Ordnung gerufen wurden. Zu den Vögeln allerdings sprach er weiterhin und zu Insekten, Eichkätzchen und zum Biber, der am Ufer der Isar einen kleinen Damm gebaut hatte.

In diesen eiskalten Tagen vor Weihnachten aber wirkte der Park wie ausgestorben, die Vögel waren verstummt, nur ein paar Krähen saßen auf Abfallbehältern und zerrten deren Inhalt auf die Wege, wie Obdachlose auf der Suche nach ein bisschen Nahrung.

Die Kälte, die Einsamkeit und Stille warfen den Pater ganz auf sich selbst zurück und auf seine innere Frage, welche besondere Fähigkeit Gott ihm wohl verliehen habe. Obwohl er seit Jahren in dieser Frage lebte, hatte er noch keine Antwort erhalten, was ihn allmählich mit einer drängenden Ungeduld erfüllte, die er als Sünde bezeichnete. Außerdem gestand er sich in gewissen Momenten, die nicht mehr als Sekundenblitze waren, ein, dass er sich langweilte.

Es war gänzlich unmöglich, dass ein Ordensbruder sich langweilte. Wahrscheinlich bedeutete es eine noch größere Sünde als die Ungeduld, doch es war so: Er langweilte sich. Selbst die Texte des heiligen Franziskus, die er seit Jahren mit Hingabe studiert hatte, langweilten ihn inzwischen. Etwas in seinem Inneren hatte sich selbständig gemacht und sandte diese ketzerische, schmerzende Langeweile aus, einem Störsender ähnlich, der im Verborgenen agiert. Pater Ignazius hatte keine Macht über diesen Störsender in seinem Inneren.

Er begann zu wünschen. Wünschen bedeutete Begehren, bedeutete Gier, in seinen Augen beinahe eine Todsünde. Dabei waren es keineswegs materielle Wünsche, die er in sich aufsteigen fühlte, es war die Sehnsucht nach einem erschütternden Ereignis, nach einem Unfall, einer Katastrophe, einem Verbrechen. Ja, Verbrechen! Etwas sollte ihn aufrütteln, erregen, ängstigen.

Er wünschte sich in ein mittelalterliches Kloster voller Geheimgänge und tödlicher Intrigen, las Umberto Ecos Roman «Im Namen der Rose», heimlich. Und diese

Heimlichkeit bereitete ihm Vergnügen. Dreimal las er diesen Roman über einen unheimlichen Kriminalfall in einem italienischen Kloster, beobachtete gleichzeitig seine Ordensbrüder – gerade mal fünf an der Zahl, denn es stand schlecht um Nachwuchs in diesen Zeiten. Jeder von ihnen war älter als fünfzig, alle hatten diesen milden, resignierten Zug, diese sanfte Abwesenheit, als wüssten sie, dass sie die Letzten sein würden.

Pater Ignazius wusste, dass auch er selbst mild und resigniert war, auch er beinahe fünfzig und einer der Letzten. Manchmal betrachtete er sein mildes Gesicht im Spiegel und fand es unerträglich, so unerträglich wie die müde Freundlichkeit seiner Brüder. Nichts war gegen sie einzuwenden, und vielleicht war auch das unerträglich und dieser Gedanke Sünde.

Er begann zu beten. Anders als sonst. Nicht die ritualisierten Gebete, die für ihn keinen Inhalt mehr hatten und einfach so dahinflossen, murmelnd wie ein Bächlein. Pater Ignazius betete um seine Seele, um die Offenbarung seiner besonderen Fähigkeit. Er betete gegen den Teufel an, der in ihm und an ihm zu arbeiten schien, gegen diese unheilvolle Sehnsucht nach Veränderung, nach einem Zeichen.

Doch es schien, als wollte Gott ihn nicht hören, als zöge er sogar alle Menschen und selbst die Hunde aus seinem Leben ab, denn in der Kälte des plötzlichen Wintereinbruchs wurden seine Spaziergänge immer einsamer, seine Verzweiflung überwältigender. Halbe Nächte verbrachte er in der kleinen Kapelle seines Ordens, betend, horchend, flehend. In all diesem inneren Drängen und Wogen kam ihm irgendwann die Vorstellung, dass er vielleicht zum Mörder bestimmt sein könnte. Eine ungeheuerliche und ganz besonders sündige Vorstellung.

Sie kam nicht von ungefähr, denn ein- oder zweimal hatte er sich überlegt, wie es wäre, wenn er seinem Bruder Odilo den schweren Wasserkrug über den Schädel hauen würde, der beim gemeinsamen Mahl immer auf dem Tisch stand. Ganz plastisch hatte er das vor sich gesehen: den Krug, seine Hand, die danach griff, den kahlen Schädel von Bruder Odilo und den dumpfen Schlag. Dann Scherben, Blut, Schreie.

Hatte er sich nicht gewünscht, dass ihn etwas aufrütteln sollte, ängstigen? Zumindest dieser Wunsch war in Erfüllung gegangen. Angst hatte Pater Ignazius inzwischen: vor sich selbst und seinen Wünschen! Und er zweifelte auf ungeheuerliche Weise. Zum Beispiel war er plötzlich davon überzeugt, dass der heilige Franziskus den Wolf nicht gezähmt, sondern umgebracht hatte. Wölfe sind keine Vögel, dachte Ignazius. Die Vögel hören uns zu, weil sie vielleicht den Engeln verwandt sind. Die Wölfe gehören zur Finsternis, zu den Höllenhunden.

So kam er nicht weiter. Er schämte sich, betete um Vergebung, suchte die Krümel des abgekratzten Verputzes aus der Wolfskapelle bei Assisi und hielt sie beim Beten in der Hand. Warum schwiegen alle, wenn er sie einmal in seinem Leben brauchte? Warum schwieg Gott, warum der heilige Franziskus? In dieser Nacht schleuderte Pater

Ignazius eine Vase auf den Boden der Kapelle. Ihr Zersplittern erinnerte ihn an seine Phantasie vom Wasserkrug und dem Kopf von Bruder Odilo. Deshalb erschrak er zutiefst, als Bruder Odilo in die Kapelle stürzte und besorgt fragte, ob Bruder Ignazius etwas zugestoßen sei. Nein, nichts. Er würde das hier allein wieder aufräumen. Die Vase sei umgefallen. Eine Ungeschicklichkeit. Geh zu Bett, Bruder Odilo! Geh, geh schnell! Sei nicht freundlich, nicht hilfsbereit, nicht milde, nicht Bruder. Geh ins Bett! Gott segne dich und der heilige Franziskus auch. Brauchst du meine Hilfe wirklich nicht, Bruder? Nein! Nein, Bruder! Dann geh ich zu Bett. Ja, geh, geh in Frieden, Bruder! Aber geh!

Er ging. Pater Ignazius dankte Gott auf Knien, dankte für das Leben seines Bruders Odilo. Während er später die Scherben zusammenkehrte, fiel ihm plötzlich ein, dass er sich an diesem Abend nicht gelangweilt hatte. Es war ein guter, ereignisreicher Abend gewesen, und er hatte das Leben von Bruder Odilo gerettet, gemeinsam mit Gott und dem heiligen Franziskus. Vielleicht war er doch nicht zum Mörder bestimmt, sondern zum Retter? Was immer es war, er würde sich fügen, seine Bestimmung annehmen. Jetzt, da Bruder Odilo vorerst gerettet war, schien alles wieder offen zu sein.

Am nächsten Morgen brach Pater Ignazius erneut zu seiner Meditationswanderung an der Isar auf. Ein bisschen später als sonst. Er hatte länger geschlafen und die Morgengebete versäumt. Natürlich hatte einer der Brüder nachgesehen, ob alles mit ihm in Ordnung sei. Zum

Glück nicht Bruder Odilo. Kopfschmerzen. Die ganze Nacht gebetet und meditiert. Der Bruder war gegangen.

Dabei war Pater Ignazius eingefallen, dass er noch nie das Morgengebet ausgelassen oder länger geschlafen hatte. Einfach weil er wusste, dass es nicht möglich war. Dass es genau dieses Stückchen Freiheit niemals geben würde, weil immer jemand nachsehen würde. Weil es eigentlich nicht möglich war, die Morgengebete zu versäumen, außer man war todkrank oder schon gestorben!

Er hasste es, so früh aufzustehen. Immer um fünf. Gab es einen wirklichen Grund dafür? Konnte man Gott nicht auch um acht oder um neun anbeten? Und dann bis spätnachts? Wer hatte diese Regeln gemacht? Der heilige Franziskus? Gott selbst? Oder einfach ein paar Frühaufsteher, die meinten, dass ihre Art zu leben für alle anderen gelten musste? Er wusste es nicht. Wusste gar nichts an diesem eiskalten Morgen. Er ging nur. Den Weg, den er immer ging.

Ein Hubschrauber flog knapp über die Bäume des Parks, kehrte um, ging tiefer, zog wieder hoch. Der Lärm war ungeheuer. Die Stille und Einsamkeit am Fluss dahin. Einsatzwagen der Polizei parkten an den breiten Wegen. Das Herz von Pater Ignazius schlug schneller, als zwei Polizisten auf ihn zutraten. Vielleicht kam es jetzt, das Ereignis, um das er gebetet hatte.

«Entschuldigen Sie, Pater. Wir wollen Sie nicht aufhalten, aber wir müssen Sie darauf aufmerksam machen, dass in dieser Gegend vermutlich ein Bankräuber auf der

Flucht ist. Falls Ihnen irgendetwas auffällt, dann wenden Sie sich bitte an einen unserer Kollegen. Die sind überall im Park unterwegs.»

«Bankräuber?» Pater Ignazius lächelte milde. «Wie viel hat er denn gestohlen?»

«Ach, gar nicht so viel. Fünftausend Euro. Hat sich nicht besonders geschickt angestellt.»

«Gott sei ihm gnädig.»

Die Polizisten nickten ein bisschen verlegen und wussten nicht so recht, was sie mit diesem Segen anfangen sollten. Pater Ignazius dagegen kam sich vor wie ein Betrüger und hatte das Gefühl, dass sie ihn laufenließen, obwohl er verdächtig sein konnte. Die braune Kutte eines Franziskanermönchs erschien ihm als perfekte Tarnung für einen flüchtenden Bankräuber. Wieso hatten die Polizisten ihn nicht überprüft? Seinen Ausweis verlangt? Er trug gar keinen bei sich. Mönche besaßen natürlich einen Ausweis, aber sie führten ihn nur selten bei sich. Nur wenn sie reisten, sonst nie. Ihr Status war Ausweis genug. Überall respektiert, konnte sich alles unter den Kutten verbergen. Wieder einer dieser sündigen Gedanken. Pater Ignazius bekreuzigte sich schnell, vergaß dann aber die Sünden, denn der Polizeihubschrauber donnerte so knapp über ihn hinweg, dass er sich instinktiv duckte, beinahe auf den Boden geworfen hätte. Wie Sturmböen fegten die Luftwirbel der Rotorblätter über ihn, ließen seine Kutte flattern und seinen Körper vor Kälte erzittern.

Endlich ging dieser Sturm vorüber, und Ignazius

konnte seinen Spaziergang fortsetzen. Während er unter den kahlen Buchen zum Flussufer hinabwanderte, begann sich sein Kopf zu klären. Man hatte ihn erhört! Wilde Freude erfüllte ihn, flüsternd dankte er Gott und dem heiligen Franziskus. Aber würden sie ihm jetzt auch seine besondere Bestimmung offenbaren?

Pater Ignazius' Herz schlug sehr schnell, und alle seine Sinne waren wach. Konnte es seine Aufgabe sein, den unglücklichen Räuber zu finden? Die Polizisten hatten ihn, den Pater, um Unterstützung gebeten. Vielleicht war das seine Aufgabe? Vielleicht hatte er die Fähigkeit, Verbrecher zu finden, zu überführen. Es gab ja geistliche Brüder, die wie Detektive arbeiteten. Zumindest im Fernsehen. Obwohl er davon nur gehört hatte, denn im Ordenshaus gab es keinen Fernseher. Das hatten sie alle gemeinsam entschieden.

Pater Ignazius nahm jede Bewegung wahr, jeden Schatten, jeden Baumstamm. Er würde ihn finden, und wenn er den ganzen Tag dazu brauchte. Langsam ging er am steilen Ufer der Isar entlang, schaute unter dem hölzernen Fußgängersteg nach, von dem lange Eiszapfen bis zum Wasser hingen. Zwei joggende Männer unterbrachen ihren Lauf, als sie ihm begegneten, wiesen sich als Polizisten aus. Gab es denn außer ihm nur Polizisten im Park? Polizisten und einen Räuber, der wie ein Hase gejagt wurde?

Ja, er würde den Polizisten Bescheid sagen, wenn er etwas Auffälliges entdeckte. Sie liefen weiter. Zwei große bullige Männer mit Schnauzbärten.

Plötzlich dachte Pater Ignazius, dass es vielleicht doch nicht seine Bestimmung sein musste, Verbrecher zu fangen. Überhaupt stellte sich die Frage, ob dieser Bankräuber ein Verbrecher war. Genauso gut konnte er ein Verzweifelter sein, der seine Familie nicht ernähren konnte. Einer, der von den anderen Menschen vergessen worden war, einer, dem der heilige Franziskus die Hand gereicht hätte. Ein Bruder.

Pater Ignazius stieg wieder zum Hochufer hinauf, beobachtete, wie die joggenden Polizisten den Deckel einer großen Kiste mit Streusand hoben.

«Voll!», sagte einer von ihnen laut.

«Klar!», sagte der andere. «Hat ja noch nicht geschneit!»

Sie liefen weiter vor Ignazius her, vorbei an einer zweiten Kiste, schauten nicht hinein und dachten wohl, dass sie ebenfalls voll Sand wäre. Pater Ignazius dachte das nicht. Er kannte diese Kisten von seinen Wanderungen her. Hin und wieder schaute er hinein. Einfach so. In der unklaren Erwartung, etwas Ungewöhnliches zu finden. Dass die erste Kiste voll Sand war, wusste er. Falls nicht über Nacht ein Wunder geschehen war, musste die zweite Kiste halb leer sein.

Die beiden Jogger liefen bis zum Ende des Weges an der großen Kreuzung und kehrten dann um. Ich muss verhindern, dass sie in die Kiste schauen, dachte Pater Ignazius, und sein Herz schlug noch schneller. Jetzt hatten die beiden Polizisten ihn erreicht, liefen nicht vorüber, wie er gehofft hatte, sondern blieben stehen, keuchend, die Fäuste in die Hüften gestützt, weiße Nebelfahnen ausstoßend.

«Wie sieht er denn aus, der Räuber?», fragte Pater Ignazius. Sie standen alle drei genau vor der zweiten Kiste.

«Klein», schnaufte einer der Schnauzbärtigen. «Dünn. Wahrscheinlich graue Jacke.»

«Ist er bewaffnet?» Pater Ignazius brachte nur ein heiseres Flüstern zustande.

«Eher nicht. Könnte sein, dass er eine Spielzeugpistole hat.»

«Einen kleinen dünnen Mann habe ich Richtung Maximilianeum gehen sehen», murmelte Pater Ignazius. «Er sah aber nicht aus wie ein Bankräuber.»

«Die sehen selten aus wie Bankräuber!», grinste der zweite Schnauzbärtige. «Wir laufen dann mal weiter, vielleicht erwischen wir ihn noch. Aber wahrscheinlich haben die Kollegen ihn schon überprüft. Danke, Pater!» Sie rannten davon.

Erschöpft von seiner Lüge, setzte sich Pater Ignazius auf die Streusandkiste und wartete, bis die Polizisten verschwunden waren. Plötzlich fand er es nicht ganz fair, dass Gott und der heilige Franziskus ihn vor die Wahl seiner Bestimmung stellten und ihn wieder alleinließen. Vielleicht, wenn er die Dinge jetzt einfach geschehen ließ, dann vielleicht würden sie ihn lenken, und dann wüsste er. Vielleicht.

«Ich weiß, dass du dadrin bist», sagte Pater Ignazius laut. Keine Antwort.

«Du brauchst keine Angst zu haben. Ich bin nicht von der Polizei. Ich bin ein Pater und will dir helfen!» Keine Antwort.

Langsam stand Ignazius auf, trat hinter die Kiste, schaute sich vorsichtig nach allen Seiten um und hob dann den Deckel an. Nur einen Spaltbreit, doch als er nichts erkennen konnte und auch nichts hörte, ein bisschen weiter. Aufgerissene Augen. Er war tatsächlich dünn, klein und trug eine graue Jacke. Ganz leise schrie Pater Ignazius auf und ließ den Deckel fallen.

Geschehen lassen. Die Dinge geschehen lassen, dann würde er seinen Weg finden, dann mussten sie ihn lenken, die da oben. Vorsichtig hob er den Kistendeckel wieder an.

«Du kannst hier nicht bleiben. Die werden dich finden. Die andere Kiste haben sie schon aufgemacht.»

Der kleine Mann antwortete noch immer nicht. Da griff Pater Ignazius behutsam nach der schmalen Schulter und rüttelte daran. Jetzt schnellte der Räuber hoch, stöhnte dabei. Die Pistole fiel aus seiner Hand, zurück in die Kiste.

«Meine Hände», flüsterte er. «Ich spür sie nicht.»

«Das ist die Kälte.» Pater Ignazius schaute sich unruhig um. «Wir müssen hier weg. Komm schnell. Geh neben mir und tu so, als würdest du dich mit mir unterhalten. Wir sind Spaziergänger.»

Der kleine Mann starrte auf die Kiste.

«Die Pistole lassen wir besser in der Kiste», sagte Ignazius.

«Die mein ich nicht. Ist eh nur eine falsche. Das Geld. Es ist dadrin.»

«Wo denn?»

«Vergraben.»

Wieder hob der Pater den Deckel an und begann mit der rechten Hand zu graben, fand eine Plastiktüte und zog sie heraus.

«Gib her!»

«Ich trag sie für dich.»

«Nein.»

«Unter meiner Kutte ist sie sicherer. Komm jetzt!»

Er widersprach nicht mehr, lief steifbeinig, wie eingefroren neben Pater Ignazius her, und als hielte der heilige Franziskus seine Hand über die beiden, erreichten sie unbehelligt die kleine Kirche St. Nikolaus. Dort schenkte Pater Ignazius dem Bankräuber die beiden dicken Pullover, die er unter seiner Kutte trug, und stopfte die graue Jacke unter eine Bank neben der Orgel.

«Warum hast du die Bank überfallen?», fragte Pater Ignazius, als der kleine Mann die Hand nach der Plastiktüte mit dem Geld ausstreckte.

«Weil's Spaß macht.»

«Ach.» Geschehen lassen, die Dinge geschehen lassen.

«Ja. Was denn sonst?»

«Dann viel Glück beim nächsten Mal.»

«Was?»

«Ich sagte: viel Glück beim nächsten Mal.»

«Gib mir die Tüte.»

«Nein.»

«Mach keine Witze!»

«Das ist mein Lohn für deine Rettung!»

«Was?»

«Du hast es gehört!»

Der kleine Mann trat drohend auf Pater Ignazius zu. Doch der hatte bereits die Kirchentür geöffnet und trat hinaus ins Helle, winkte den Polizisten zu, die gerade mit einem Einsatzwagen in den Park fahren wollten.

«Ich glaube, ich kann Ihnen helfen!», rief er und erzählte den Beamten, dass er in einer Streusandkiste, nur hundertfünfzig Meter von hier, eine Pistole entdeckt hätte. Als die Polizisten losbrausten, nahm Pater Ignazius aus den Augenwinkeln wahr, dass der Räuber in Richtung Gasteig schlenderte. Er selbst schlug die andere Richtung ein, ging schnell, denn ohne seine Pullover drang die eisige Kälte bis in seine Knochen. Die Plastiktüte hatte er in seine Hose gestopft.

Geschehen lassen, dachte er. Sie hatten ihn zum Räuber eines Räubers gemacht. Und es hatte Spaß gemacht. Vielleicht würde er Gutes mit dem Inhalt der Plastiktüte tun. Vielleicht. Auch das würde er geschehen lassen.

JAY BONANSINGA

Der wahre Grund der Great Depression

Noch viele Jahre lang, als die Ereignisse dieser schicksalsschweren Zeit schon lange ins Reich der Legenden verwiesen worden waren, tauchten regelmäßig revisionistische – meist unglaubwürdige – Geschichten über das erste Erscheinen des Fremden in damals vielgelesenen Zeitschriften auf. Beliebte Monatshefte wie die *Saturday Evening Post* und der *Ladies Companion* – auf dessen heiteren Titelillustrationen von J. C. Leyendecker engelsgleiche Kinder spielten und in dem Anzeigen für Ovomaltine-Getränkepulver und Imperial-Leather-Seife warben – veröffentlichten kurze Artikel, in denen Augenzeugen schilderten, wie sich der mysteriöse alte Mann erstmals in die zerrüttete amerikanische Seele schlich. Die einen berichteten, sie hätten den Fremden das erste Mal bemerkt, als er am Rande eines verwahrlosten Auffanglagers für Flüchtlinge nahe Tulsa auftauchte. Andere beteuerten, ihn das erste Mal erblickt zu haben, als er an der Küste von Nova Scotia von Bord eines Frachtdampfers ging. Doch keine dieser Geschichten hielt einer genauen Überprüfung stand. Den amtlichen Archiven des Works Progress Administration Folklore

Project von Präsident Roosevelt zufolge können nur zwei Augenzeugenberichte als gesichert gelten. Diese verorten die erste offizielle Sichtung des alten Mannes bei einem Obdachlosentreff westlich von Prineville, Oregon, am Morgen des 23. März 1930:

Das Wetter war rau an diesem Morgen, ungewöhnlich rau für den Vorfrühling, selbst für die Region des Pacific Northwest. Ein Tiefdruckgebiet war von Vancouver über die Cascades heruntergezogen und hatte 15 Zentimeter Schnee über dem Crooked River Valley ausgeschüttet. Die Wanderarbeiter und Landstreicher hatten sich unter den Douglasfichten entlang der alten Southern-Pacific-Eisenbahnschienen verschanzt. Sie kauerten in ihren notdürftigen Unterständen aus öligen Spanplatten und ausrangierten Güterwaggonplanen, ihre Feuer verglommen im Laufe der Nacht. Die ersten matten Sonnenstrahlen bescherten ihnen einen weiteren Tag voll Kummer und Not.

«Hast du's gehört?» Die Stimme des ersten Augenzeugen bebte vor Kälte. Er war ein schlaksiger Mann mittleren Alters, mit Lumpen und fingerlosen Handschuhen bekleidet, und wurde Greenie genannt. In der Nacht hatte er schlecht geschlafen und versuchte nun, einem Zinnbecher voll billigem Maisschnaps mit dünnem Kaffee ein wenig Sättigung abzugewinnen. Es roch nach Holzrauch und Schwefel.

Sein Begleiter spähte unter einer schäbigen, zerrissenen Decke hervor und blinzelte mit feuchten Augen ins Licht. «Was is' los?»

«Psst! Hör mal.»

Der Mann unter der Decke, ein rundlicher Kerl in der Arbeitskleidung eines Eisenbahnbremsers, hielt den Atem an und lauschte.

Das Geräusch kam offenbar aus einem Stapel zerlumpter Decken, der knapp fünf Meter entfernt unter dem Schnee lag. Es hörte sich an wie ein wimmerndes Tier, wie ein angeschossener Hund im Todeskampf – ein leises, hohes Maunzen.

«Schnapp dir den Nageltreiber», flüsterte Greenie und setzte den Becher ab. Er richtete sich mit schmerzenden Knien mühsam auf, wischte den Schnee von den Schultern und knetete seine eiskalten, öligen Hände.

Der Dicke griff nach dem rostigen Hammer, der neben seinem ausgerollten Bettzeug auf dem Boden lag. Primitive Waffen gehörten in diesen Tagen zur Standardausrüstung der Mittellosen. Seit dem Börsencrash 1929 waren die Menschen niederträchtiger geworden. Ihre Hunde waren hungriger, angriffslustiger, wilder. Es gab weniger Wäscheleinen und weniger Essensausgabestellen, bei denen man etwas ergattern konnte. Der Dicke – der mit Spitznamen Cinder Box Sam hieß – umfasste mit seinen steifgefrorenen Händen den Hammer und hob ihn hoch.

Fünf Meter entfernt hörte das Wimmern abrupt auf.

«Komm da raus!», brüllte der Dicke und machte mit erhobenem Hammer einen Schritt auf den zugeschneiten Haufen zu.

Plötzlich bewegten sich die Decken.

«Pass auf!», schrie Greenie und hielt die Hände abwehrend vor sein schmutziges Gesicht.

In einer weißen Wolke aus Schnee brach eine Gestalt aus den Decken hervor und schlug mit ihren langen Armen wild nach dem Tageslicht, wie ein riesiges Baby nach der Geburt. Der Mann war krumm und mit Narben übersät und sah aus wie ein ausgezehrter, heruntergekommener Wikinger in einem gestohlenen Mantel. Seine Hosen waren aus Hirschleder gefertigt und starrten vor Schmutz.

«Wer zum Teufel –?!» Greenie und der Dicke stolperten hastig rückwärts und rutschten dabei beinahe auf dem gefrorenen, steinharten Boden aus.

«O Gott! O Jesus! –» Der Fremde fiel auf die Knie. Speichel rann aus seinem Mund. Die Eiskristalle in seinem Bart vermischten sich mit Rotz. Er war ausgemergelt wie ein Leichnam.

«Sachte, ganz sachte.» Cinder Box Sam hielt den Hammer drohend erhoben.

«Es tut mir leid – bitte! – o mein Gott, ich wollte das doch nicht – ich hab's doch nicht absichtlich gemacht.» Schluchzend kauerte der Fremde auf allen vieren.

«Beruhige dich doch, Alter!»

Der Fremde atmete schwer ein und blickte die Wanderarbeiter an, als nähme er sie erst jetzt wahr. Er hatte Erfrierungen im Gesicht, und seine Kleider und Stiefel waren abgetragen und ramponiert von den großen Entfernungen, die er darin zurückgelegt hatte. «Ich wollte doch nicht – es war keine Absicht!»

Die Landstreicher sahen einander an. Schließlich machte Greenie einen Schritt auf den Fremden zu und sagte sehr leise und bedächtig, als wolle er einen tollwütigen Dobermann einfangen: «*Was* war keine Absicht?»

Der alte Mann auf dem Boden sah zu dem Wanderarbeiter hoch. «Ihr bringt mich doch nicht um?»

Greenie biss sich in die Wange und sagte schlotternd: «Kommt drauf an, was du angestellt hast.»

Der knochige Wikinger fuhr über seinen vereisten, schleimbeschmierten Bart. «Ich wollte doch keinem was tun.»

«Wer zum Teufel bist du?», herrschte Cinder Box Sam ihn an. «Wie heißt du?»

Der alte Mann schluchzte. «Das ist es ja. Ich weiß es nicht. Ich weiß nicht, wer ich bin.»

Wieder warfen die Landstreicher einander misstrauische Blicke zu. Greenie betrachtete den flennenden seltsamen Kauz. «Wie meinst du das: Du weißt nicht, wie du heißt?»

Der alte Mann weinte und schüttelte den Kopf. «Was Schreckliches ist passiert – o Gott –, und ich weiß noch nicht mal, was – ich habe nur diese Albträume – da sehe ich es, immer wieder und wieder – ich hab bestimmt was Entsetzliches getan!»

«Nun mal ganz ruhig, Kumpel.» Cinder Box Sam setzte den Hammer ab. Es war offensichtlich, dass der alte Esel ziemlich harmlos war. Wahrscheinlich nicht ganz richtig im Kopf. Aber gefährlich bestimmt nicht.

«Nein, nein, nein, neinneinnein!» Der Alte richtete sich unter großen Schmerzen und Mühen auf. «Ich habe etwas Furchtbares getan – dafür kriegen sie mich –, ich muss hier weg!» Er machte Anstalten, stolpernd und hinkend davonzutaumeln. «Ich muss weg.»

«Warte!» Greenie war plötzlich neugierig geworden. Er wollte wissen, was da los war. Beschwichtigend hob er die Hände und fragte den Greis zähneklappernd: «Die Albträume. Was passiert da? Was hast du gemacht?»

Der alte Mann wich weiter zurück; er kämpfte gegen seine Qualen an, und die gelben Augen unter seinen hängenden Lidern weiteten sich. «Ich habe ihn umgebracht.»

«Wen?»

Der alte Kauz stieß die Antwort mit einem gequälten Seufzer zwischen zwei Schluchzern hervor: «Ich habe den Weihnachtsmann umgebracht.» Dann drehte er sich um und floh.

Die beiden Landstreicher standen lange wie vom Donner gerührt und beobachteten schweigend, wie der greisenhafte Fremde taumelnd und torkelnd zwischen den wirbelnden Schneeschleiern verschwand.

Damals ahnten die wenigsten, dass das immense Leid, das sich in jenen Tagen im Land ausbreitete, seinen Ursprung in der Zeit *vor* dem Börsencrash von 1929 hatte. Die tatsächliche Wurzel allen Übels lag hoch oben im Norden – noch weit hinter den unbarmherzigen und windgegerbten Eisfeldern der Northwest Territories.

Damals waren die Queen Elizabeth Islands noch heimtückischer, als sie es heute sind, was etwas heißen will, denn auch heute begeben sich nur Narren in das Gebiet nördlich des McClintock Channel. Wer es tut, sollte einen Güterwaggon voll Brennholz und Proviant mitnehmen, denn der Wind hier oben gebärdet sich wie eine wilde Bestie. Er kann sich durch Stahl fressen und einen Menschen mit seinem ununterbrochenen Kreischen in den Wahnsinn treiben. Und wer verrückt genug ist, den Parry Channel zu überqueren und *noch weiter* nach Norden zu ziehen, die ganze Strecke bis zum Point Eureka, findet eine Landschaft vor, die im alabasternen Dunst der Hölle versinkt. Der Horizont verschwindet, die Durchschnittstemperatur sinkt auf 55 Grad unter null, und die Nächte währen ewig. Schon bevor das Industriezeitalter den großen weißen Norden mit seinen Krebsgeschwüren überzog, hatten die Inuit und die Lappen und die Samen diese finsteren Eisschollen längst dem Polarbären und dem Walross überlassen; doch auch von diesen Geschöpfen überlebten dort nur die kräftigsten, indem sie sich unter das endlose Eis kauerten und sich mehr schlecht als recht von Flechten und gefrorenem Moos ernährten. Daher überrascht es nicht, dass nur wenige Sterbliche – wenn überhaupt – jemals die namenlose Siedlung am Rande von Ellesmere Island erblickt haben.

Wer im Vorbeigehen gerade die Augen zusammenkniff – oder auch nur einen Moment anderswo hinsah –, konnte sie verpassen, trotz ihrer immensen Länge und Breite. Sie erstreckte sich entlang eines mehr als acht

Kilometer langen Gletschers und besaß eine Aura übernatürlichen Zerfalls. Eine Reihe wunderschön verzierter Schornsteinspitzen, die einst – stattlich gebaut und farbenfroh gestreift – den Dampf der märchenhaften Produktionsanlagen ausgestoßen hatten, säumten die Siedlung jetzt wie skelettartige Überreste, erkaltet und ausgetrocknet. Am nördlichen Teil des Dorfes standen die Säulen aus Zuckerstangen; sie waren verkohlt und abgebrochen, da niemand sie mehr pflegte. Die Fensterläden der ehedem so wundersamen Werkstätten waren verschlossen, die Stechpalmen abgestorben, und der Wind hatte die Eisskulpturen von Engeln und Schneemännern und Lebkuchenmännchen zu einheitlichen Stalagmiten geschliffen. Sogar das Große Südtor mit seinem festlichen Quersturz aus marmornen Glocken und dicken Feuerholzscheiten, dessen schmuckvoll ausgestalteter Giebel beinahe fünfzig Meter in den grauen Himmel hinaufragte, war von der dunklen Patina des Verfalls überzogen. Binnen nur knapp einem Jahr hatte sich das Weihnachtsdorf in eine schauerliche Ruinenlandschaft verwandelt.

Unfassbar, dass erst dreizehn Monate zuvor – als Reaktion auf das schreckliche Ereignis – zwei Gestalten durch ebendieses Große Südtor hinausgeschritten waren, um sich auf die Suche nach dem Mann zu begeben, der für das ganze Elend verantwortlich war.

Die beiden bewegten sich wie Geister durch den aschfahlen Dunst des Eisfeldes. Sie trugen Rentierfelle und Anoraks mit Hermelinborten und schleppten in ihren schweren Bündeln Waffen mit sich, die in ihre harmlos wirkenden Bestandteile zerlegt waren. Sie wechselten kaum ein Wort. Ein Beobachter – wenn denn zu diesem Zeitpunkt jemand vor Ort gewesen wäre – hätte den Wuchs der beiden falsch einschätzen können, denn Licht und Weite der Arktis spielen den Sinnen leicht einen Streich. Doch bei längerer eingehender Überprüfung hätte man zu dem Schluss gelangen müssen, dass es sich bei den beiden Individuen entweder um Kinder oder um Zwerge handeln musste. Wie sie sich in Schneeschuhen gegen den eiskalten Wind über die unbarmherzige Erdkruste kämpften und dabei mit Handzeichen und Kopfnicken kommunizierten, wirkten sie ebenso zerbrechlich wie unerbittlich; sie bewegten sich so zielstrebig wie Lachse auf dem Weg zu ihrem Laichplatz.

Es kostete sie fast drei Monate, die Northwest Territories zu überwinden. Dann erreichten sie endlich das Land, in das der Mann vermutlich geflohen war. Eine andere Elfenabordnung hatte vor ihnen in der Wildnis von British Columbia den Tod gefunden, lag über ein nacktes Schneefeld verstreut, ihre traurigen Überreste bis zur Unkenntlichkeit verbrannt. Nun lag es allein in der Hand dieser beiden winzigen Kopfgeldjäger, die Welt wieder ins Gleichgewicht zu bringen.

Die zwei fuhren auf einem Hundeschlitten mit, der sie an die Küste von Bathurst Island brachte, schlüpften dort in den Laderaum eines Walfängers, der den Viscount Melville Sound überquerte, und sprachen auf dem gesamten Weg bis zur Hudson Bay kein einziges Wort miteinander. Sobald das Schiff im nördlichen Quebec angelegt hatte, machten sich die beiden wieder zu Fuß auf den Weg, beschafften sich dann in Nunavik ein Kajak, das sie im Bedarfsfall zwischen gefrorenen Flüssen umsetzten. In den Dörfern der Einheimischen bewegten sie sich ungesehen, denn sie waren für alle – außer für die begabtesten Kinder und die weit versprengten Rentierherden – unsichtbar.

Es ist eine wenig bekannte Tatsache, dass Rentiere – mit Ausnahme bestimmter Kinder – die einzigen Säugetiere auf Erden sind, die Elfen sehen können.

Als die beiden Ottawa erreichten, war schon fast der Frühling angebrochen. Das Paar hatte seit Wochen nicht geruht und war dem Tod näher als dem Leben. Als sie zur nördlichen Trasse der Canadian Pacific Railway kamen, sprangen sie auf einen Güterzug Richtung Toronto auf und suchten in den Viehwaggons nach Nahrung. Elfen ernähren sich von Zucker und Milchprodukten, und so war es ein glücklicher Zufall, dass sie inmitten von verschimmeltem Mist ein lebensrettendes Hereford-Rind antrafen.

«Und wenn wir ihn nicht finden?», wagte der jüngere der beiden Wichte zu fragen, während er im Dunkeln am Euter zog und damit eine rostige, ausgeblichene Kaffeedose der Marke Eight o'Clock füllte. Mit seinen erst einhundertundzwei Jahren hatte Shamus, der Elf, als jüngstes Mitglied der Sondereinheit immer eine Menge Fragen.

«Wir finden ihn», grunzte der ältere Elf und wischte

sich Milch aus dem dunklen Gesicht. «Wir müssen handeln, Bürschchen. Die Gerechtigkeit muss siegen.»

Der ältere Elf hieß Dooley und war so mürrisch, wie es ein Feenwesen nur sein kann; er hatte dunkle, pergamentartige Haut und die Augen eines Schakals. Entgegen den Behauptungen in Märchen und volkstümlichen Geschichten sind nämlich nicht alle Weihnachtselfen bezaubernd: Es gibt Müllkutscherelfen mit dreckiger Haut und widerlichem Charakter. Es gibt demente Elfen, die in Altersheime abgeschoben werden. Und es gibt die Elfen der Sondereinheiten – die Männer fürs Grobe, die Geheimpolizei –, die im Untergrund und mit speziellen Methoden arbeiten. Shamus und Dooley waren Fahnder des Spezialkommandos, der Eliteeinheit der Gnome.

«Aber wie um aller Zimtstangen willen sollen wir vorgehen, Dooley?» Zwischen zwei Schlucken lauwarmer Milch zuckte Shamus nervös und runzelte nachdenklich die Stirn. «Er kann sich südlich des achtundvierzigsten Breitengrads sonst wo aufhalten.»

«Shamus!»

«Vielleicht hat er seinen Namen geändert. Nach allem, was wir wissen, könnte er schon –»

«Schluss jetzt, Shamus!»

«Aber wie sollen wir vorgehen, Dooley?»

Der ältere Elf antwortete nicht. Er wandte sich bloß ab und starrte durch die Holzlatten des Viehwaggons, während sich der Zug durch die tiefblaue Abenddämmerung Ontarios schlängelte.

Dooley, der Elf, ahnte damals noch nicht, dass ihm

und seinem Kameraden eine Reihe beschämender Missgeschicke unterlaufen sollte und dass das Unglück dadurch länger währen sollte, als sich einer der beiden in seinen düstersten Träumen ausmalte.

Fast achtzehn Monate waren seit dem Vorfall in der Obdachlosenunterkunft vergangen. Nachdem er von dort geflohen war, irrte der Gedächtnislose vollkommen planlos nach Osten – einfach gen Osten, auf kein bestimmtes Ziel zu, keinen besonderen Ort. Er wollte nur den gesichtslosen, gestaltlosen Verfolgern entgehen, die ihm auf den Fersen waren, den unsichtbaren Höllenhunden, den Kleinen. Der halbverrückte alte Mann, lumpenbehangen und mit tränennassem Gesicht, bewegte sich meist in der Nacht voran, stolperte von finsteren Seitengassen auf unbebaute Grundstücke und durch heruntergekommene Gegenden zu verlassenen Farmen, immer ungefähr in Richtung des Mittleren Westens. Er ernährte sich von Speiseresten aus Mülleimern und Gaben der Kirchenmissionen, während die Schuld wie ein bösartiger Tumor in den Tiefen seiner Seele saß und ihn bei lebendigem Leibe auffraß. Er passierte Barackenstädte und Slums, Squattersiedlungen und gottverlassene Ghettos. Es war der Frühling von 1931, und die Depression hatte wie ein Fieber eingesetzt, das nicht enden wollte. Um das Ganze noch schlimmer zu machen, hielt eine schreckliche Dürre das Land seit mehr als einem Jahr im Griff. Ganze Farmen waren ausgetrocknet, die Ernten verdorrt, Flüsse und Bäche schrumpften wie verkalkte Adern.

Die Erde barst und riss auf, als hätte eine auszehrende Krankheit das Land verseucht.

An der Grenze zu Indiana stieß der alte Mann am 15. Mai auf sein erstes Hooverville.

Sie waren nach Herbert Hoover benannt, dem störrischen US-Präsidenten, der glaubte, dass Hilfsmaßnahmen Sache der Privatwirtschaft seien und dass es eine angemessene Antwort auf die Qualen der Verdammten sei, *gar nichts* zu tun; es gab Hoovervilles aller Formen und Größen, doch allen gemein war der aufdringliche Gestank von menschlicher Entwürdigung. Die Opfer von Zwangsvollstreckungen und Bankrotten – ganze Familien, die nicht einmal mehr den Kitt aus ihren Fenstern fressen konnten – drängten sich in riesigen behelfsmäßigen Zeltstädten zusammen. Das bei Crawfordsville, Indiana, in welches der Gedächtnislose in jener schrecklichen Mainacht wankte, war unermesslich groß. So weit das Auge reichte, sah man Tausende von Geknechteten und Erkrankten, die entlang eines achthundert Meter langen ausgetrockneten Flussbetts in stinkenden Bretterbuden und Baracken kauerten.

Von schleichendem Entsetzen befallen, floh der Gedächtnislose in jener Nacht in die Dunkelheit eines brachliegenden Bohnenfeldes, und er floh weiter und weiter, so schnell seine ausgemergelten Beine ihn trugen, als könne er damit der grauenhaften Erkenntnis entkommen, die ihm durch Mark und Bein fuhr: Das war seine Schuld! Er hatte das alles über die Welt gebracht! Und nun lag die Welt im Sterben. Und alles, was er dagegensetzen konnte, waren ein brennendes Schuldgefühl und ein ständig wiederkehrender Albtraum, der ihm – wie ein höllisches Nickelodeon – immer und immer wieder vor Augen führte, wie er den Schlitten, die acht winzigen Rentiere und den Kutscher in einem rasenden Wutanfall zerstörte.

Ein paar Meilen südlich von Muncie verweigerten seine altersschwachen Gliedmaßen schließlich den Dienst. Er brach im verwilderten Gestrüpp einer verlassenen Farm zusammen und betete, der Tod möge endlich kommen und ihn mitnehmen. Mehr als einmal hatte er versucht sich umzubringen, seitdem er vor nun fast drei Jahren im Schnee von British Columbia aufgewacht war. Einmal hatte er versucht, sich in einer stinkenden Gasse aufzuhängen, indem er ein Abschleppseil am Gestell einer Feuerleiter befestigte. Das Gestell war unter dem dürftigen Gewicht seines Körpers zusammengebrochen, und er war in eine Mülltonne geplumpst. Einige Monate später, allein in einem Güterwaggon irgendwo in Nebraska, hatte er versucht, seine Pulsadern mit einer abgebrochenen Jax-Bierflasche aufzuschneiden, aber er war so ausgezehrt, dass er keine Vene finden konnte.

Als die Hilfssheriffs ihn schließlich in dem vertrockneten Feld bei Muncie fanden, war er dem Tod näher denn je; die Männer mussten ihn in einem Pferdewagen abtransportieren. Sie brachten ihn zur Beobachtung in eine Wohlfahrtsklinik in Fort Wayne. Sein Gewicht war auf nur 46 Kilogramm gesunken, und er war bedrohlich blutarm. Man versuchte ihn aufzupäppeln, aber er verweigerte jegliche Nahrung. Und als er schließlich wieder sprechen konnte, überzeugte seine wahnwitzige Geschichte die Ärzte davon, dass er in eine Nervenheilanstalt gehörte.

Im Howard Philipps Eldritch Inebriate Asylum in Cleveland fand der Gedächtnislose für die kommenden sieben Monate vorübergehend ein Zuhause. Eine Zeitlang wurde er intravenös ernährt, und man versuchte ihm sechzehn Wochen lang jeden Morgen mit einer Gesprächstherapie zu helfen, aber er rückte nie von seiner Geschichte ab.

«Ich frage Sie jetzt noch einmal, John», sagte der Arzt mit dem Klemmbrett und der Brille, deren Gläser so dick waren wie der Boden einer Colaflasche, an einem grauen Januarmorgen zu dem alten Mann – John war der Name, den sie dem Alten gegeben hatten. Der Arzt saß auf einem hölzernen Schulpult in einer trostlosen weißen Kammer mit vergitterten Fenstern. Das hyänenhafte Gekläff der Geisteskranken hallte im Gang wider, und es roch nach Desinfektionsmitteln und Erbrochenem. Auf der anderen Seite der verdreckten Fenster hustete ein trockener Winterwind gegen die Scheiben.

«Wenn Sie sagen, dass *sie* Sie holen werden – wen genau meinen Sie damit?»

Der alte Mann bestand nur noch aus Haut und Knochen, und sein Fleisch besaß die Farbe altbackenen Brotes. Die skelettartigen Elfenbeinfinger ineinander verkrallt, saß er auf einem Klappstuhl und starrte auf den verschrammten Parkettboden. «Das hab ich doch schon dem anderen Arzt gesagt, hundertmal hab ich ihm gesagt, dass es die Kleinen sind, die Elfen, das hab ich ihm gesagt.»

«Elfen.»

Der alte Mann nickte, sah aber nicht auf. Er war nun seit über sechs Monaten in der Heilanstalt – schlurfte durch die Gänge, murmelte vor sich hin, wälzte sich durch schlaflose Nächte und erwartete das Unvermeidbare –, und jeder Arzt ließ sich aufs Neue das Wesen der Elfen erklären. Dennoch war der alte Mann an diesem düsteren Januarmorgen aus irgendeinem Grund zu geradezu ungezügelter Ausführlichkeit aufgelegt. «Es sind keine gewöhnlichen Elfen.»

Der Arzt notierte etwas auf seinem Klemmbrett und blickte dann auf. «*Gewöhnliche* Elfen wären dann wohl diejenigen, die in den Werkstätten des Weihnachtsmanns arbeiten und Spielzeug bauen und so was?»

«Ich sehe sie in meinem Traum», flüsterte der alte Mann mit gesenktem Kopf. «Sie sind die Soldaten, die Wächter, die Bösen.»

«Die Soldaten vom Weihnachtsmann?»

«Ja.»

«Der Weihnachtsmann braucht eine Armee?»

Der alte Mann zuckte mit den Schultern. «Würde Sie das wundern, in der heutigen Zeit?»

Der Arzt notierte wieder etwas. «John, ich muss Ihnen diese Frage noch einmal stellen: Warum ausgerechnet *Sie*?»

Der alte Mann schluckte schwer und sah den Arzt an. «Sie wollen es nochmal hören, oder? Wie eine Nummer aus einer Freak-Show, was?»

«Dass Sie den Weihnachtsmann umgebracht haben?», schlug der Arzt vor.

Der alte Mann schüttelte den Kopf und blickte wieder zu Boden. «Schauen Sie sich doch mal um, Doc, auch da draußen. Sehen Sie irgendwo Festtagsfreude? Glauben Sie, dass es Weihnachten in dieser Welt überhaupt noch gibt?»

Der Arzt fuhr sich mit einem Finger über die Unterlippe. «Erzählen Sie mir noch einmal von Ihrem Traum!»

Ein schmerzerfüllter Seufzer. Dann kamen die Worte unter qualvollem Keuchen heraus. «Ich klettere aus dem Schlitten, nachdem ich ihn erschlagen habe – ich … ich … ich weiß nicht, wie ich das angestellt habe, warum ich es getan habe, wie ich da hinkam – aber ich hab den alten Mann umgebracht und bin raus aus dem Schlitten, weil der Schlitten brannte, und die Rentiere …» Die Stimme des alten Mannes versagte, und er begann wieder zu schluchzen. «Alle sind tot – verbrannt – und dann renne ich – grauenvoll, so grauenvoll – alle Rentiere – verbrannt – wegen mir.»

«Okay. In Ordnung.» Der Arzt spürte, dass er die Sitzung beenden musste, und stand auf. «Das reicht für heute, John.» Der Arzt ging hinüber zur Tür, schloss sie auf und rief nach den Krankenpflegern.

Sie brachten den alten Mann auf sein Zimmer zurück

und schlossen ihn dort ein. Für ein paar weitere, endlose Tage beobachteten sie ihn nur, ohne ihn zu stören oder mit ihm zu reden.

Es war am späten Nachmittag des folgenden Samstags, nach dem Abendessen, nachdem Ruhe in der Anstalt eingekehrt war. Die Krankenschwestern der zweiten Schicht waren alle pünktlich erschienen, um sich ihren Kartenspielen zu widmen, ihren Chase und Sanborn zu trinken und ihre Klatschgeschichten auszutauschen, als der alte Mann zum ersten Mal die verhaltenen Geräusche von Elfen auf dem Dach wahrnahm. Es war beinahe so, als wären sie durch die Befragung des Gedächtnislosen zu Beginn der Woche herbeigerufen worden, als hätte der alte Mann das Schicksal herausgefordert, weil er den Ärzten einen tieferen Einblick in das Wesen der Killer-Elfen gewährt hatte.

Der alte Mann erstarrte auf seinem Bett und reckte und drehte wie ein Wetterhahn lauschend seinen mageren Hals. Sein Zimmer – oder seine *Zelle*, wie er es mittlerweile empfand – lag im vierten Stock der Heilanstalt, in der obersten Etage. Das Dach des Gebäudes war direkt über ihm, und jetzt konnte der alte Mann das leise Trippeln winziger menschenähnlicher Schritte auf der Teerpappe hören.

Der Gedächtnislose taumelte aus dem Bett und humpelte in seinem schmutzigen weißen Nachthemd hinüber zur Tür. «Hallo, Schwester?! – Sind Sie da, Schwester? – Hört mich jemand?» Mit seiner knorrigen Faust schlug der alte Mann gegen die Tür, wobei sein Nachthemd zur

Seite rutschte und seinen faltigen, knochigen Hintern freigab.

Das Sichtfenster wurde aufgeschoben und enthüllte das Gesicht einer Krankenschwester mittleren Alters mit Schmetterlingsbrille. «Sir, Sie bekommen Ihre Medikamente erst –»

«Schwester, bitte, ich bin – ich habe – mein Brustkorb schmerzt –!»

Das Schloss schnappte auf, und die Tür hatte sich gerade einen Spalt geöffnet, als sich der alte Mann mit aller Kraft dagegenwarf.

Die Wucht der Bewegung ebenso wie der Schreck darüber ließen die arme Krankenschwester wie einen Kreisel nach hinten trudeln. Sie knallte gegen einen Schreibtisch, von dem Kaffeetassen und Papiere zu Boden flogen, während der alte Mann mit geballten Fäusten und angstgeweiteten Augen durch die offene Tür hechtete. «SIE SIND HIER! O GOTT, SIE SIND HIER!»

Einen Moment lang verharrte er unentschlossen auf dem verlassenen Korridor und sah sich nach allen Seiten um, bis das Geklirr von zerbrechendem Glas in einem nahegelegenen Zimmer, gefolgt vom Aufschrei eines Patienten, ihn antrieb. Mit nackten Füßen tappte der alte Mann hastig über das kalte Linoleum auf das nördliche Ende des Ganges zu, auf das große Bogenfenster über dem Notausgang.

Er blickte nicht zurück, sah nicht über die Schulter, doch wenn er hingesehen hätte – *wenn er den Mut aufgebracht hätte, hinzusehen* –, hätte sich ihm ein höchst sonderbarer Anblick geboten: den gesamten Korridor entlang öffneten sich Türen, Schwestern und Krankenpfleger kamen mit aufgerissenen Augen aus den Zimmern und schoben einander vor und zur Seite. Sie bemerkten die Eindringlinge nicht, die nur wenige Zoll neben ihnen wie zwei unförmige, dunkle Föten aus dem Wäscheaufzug nahe dem Schwesternschreibtisch am Ende des Ganges schlüpften.

«Da ist er, Shamus!»

Einer der Eindringlinge stieß einen Schrei aus, den nur der alte Mann am anderen Ende des Ganges hörte, als er verzweifelt nach dem Riegel des verdreckten Fensters tastete – seine zittrigen Hände verkrampften, seine Lungen keuchten nach Luft, sein Herz raste, und er betete um Erlösung. Alle anderen Menschen, die sich in diesem Moment im vierten Stock befanden – Krankenschwestern, Krankenpfleger, ein Assistenzarzt namens Dr. Malachi Toombs –, hörten lediglich das eigentümliche Klimpern eines unsichtbaren Windspiels, denn als solches ordnete ihr Gehör den Schrei des Elfen ein. Erwachsene können nämlich die Stimme eines Elfen – selbst wenn sie laut ist – nicht wahrnehmen.

Endlich gelang es dem alten Mann, das Fenster zu entriegeln und den Fensterflügel aufzustoßen. Er zwängte seinen schmalen Körper durch den Spalt hinaus in die kalten Januarwinde, die aus dem Abgrund emporströmten. Benommenheit breitete sich in seinem unterversorgten Gehirn aus; haltsuchend umklammerte er das Gusseisen und versuchte, nicht hinunter in die schwindelerregende Tiefe zu blicken. Verkehrslärm wehte zu ihm herauf, und vor seinen Augen verschwammen Licht und Raum der sterbenden Stadt, während die Eindringlinge zu ihm aufschlossen.

«Um der Weihnachtsliebe willen, lass ihn nicht wieder entkommen, Dooley – pack ihn, pack ihn, PACK IHN!»

Die Augenzeugen, die sich zu diesem Zeitpunkt auf der Straße befanden, sollten später allerlei Seemannsgarn darüber spinnen, was als Nächstes geschehen war, doch ihre Berichte stimmten in Folgendem überein: Der alte Mann setzte voller Panik einen ersten, vorsichtigen Schritt auf die gusseiserne Leiter – ohne zu bemerken, dass sie an einem verrosteten Scharnier befestigt war. Mit Schwung klappte sie mit dem Gedächtnislosen über die Gasse darunter. Dabei gelang es ihm, sich an der Spitze der Leiter festzuklammern – wie ein riesiger Wurm, der mit einer Angelleine ausgeworfen wird.

Dann stürzte der alte Mann in eine Reihe brennender Mülltonnen, die am Anfang der Gasse aufgestellt waren und deren spärlich flackernde Flammen einigen missmutigen Männern Wärme spendeten, die in der Warteschlange für die Brotausgabe am nächsten Morgen standen. Der Aufprall des kraftlosen Körpers ließ die Funken fünf Meter in die Höhe stieben und sprengte die Männer auseinander. Der Vorfall verursachte ein solches Durcheinander, dass es niemandem auffiel, als der alte Mann zur Straße krabbelte, um die Ecke verschwand und weiterhumpelte in die Anonymität der Stadt hinein. Und niemand sah, wie die Elfen gleich Affen an der Fassade des Gebäudes hinunterkletterten; sie kamen zu spät, um den alten Mann zu schnappen oder auch nur die Richtung erkennen zu können, in die er geflohen war.

Womöglich sollten wir um der Genauigkeit willen den vorletzten Satz berichtigen und dahingehend ergänzen, dass *kein Erwachsener* die Elfen sah.

Verrückter flieht aus Irrenanstalt
Waisenkind sieht Pygmäen-Eindringlinge

Cleveland, 11. Januar – Ein abnormaler Patient des H. P. Eldritch Inebriate Asylum ist am Samstagabend mit einem gewagten Sprung aus einem Fenster des vierten Stockwerks entkommen. «Der Mann ist alt und war wegen eines Nervenleidens bei uns in Behandlung», teilte Dr. Toombs vom Krankenhauspersonal mit. «Er wurde gegen seinen Willen von Staats wegen eingewiesen, aber ich versichere Ihnen, dass er in keiner Weise gefährlich ist.»

Gegenwärtig auf freiem Fuß

Die Bürger in Cuyahoga County und Umgebung sind aufgerufen, nach einem Mann Ausschau zu halten, auf den folgende Beschreibung passt: 1,86 m groß, 50 Kilo schwer, grauhaarig, wahrscheinlich arthritisch und stark gebeugt. Der Mann wurde zum letzten Mal Samstagabend in der Pearson Street in der Nähe der Brotausgabe der Catholic Mission gesehen. Sollte ein Bürger diese Person entdecken, wird er gebeten, das Sheriff's Department, Baker Hill 217, zu benachrichtigen.

Aus dem Reich der Legenden

Bei einem Vorfall, der mit obigem in Zusammenhang steht, hat ein 6-jähriges Kind, Bewohner des Waisenhauses im dritten Stock der Klinik, angeblich beobachtet, wie zwei Eindringlinge nur wenige Minuten vor dem Ausbruch die Anstalt betreten haben. «Der Junge sagte, es seien ‹Pygmäen› gewesen», behauptet Schwester Hattie Stevenson, die Oberin des Waisenhauses. «Wortwörtlich sagte er: ‹Es waren Pygmäen mit magischen Waffen, und sie sahen echt finster aus.›»

Weniger sensationslüsterne Artikel – die meisten sachlich und ohne Erwähnung von Pygmäen – erschienen auch in *The Cleveland Plain Dealer* und *The Cleveland Press*. Im Februar meldete irgendwo im Nordosten beinahe stündlich jemand, er habe den geheimnisvollen alten Kauz gesichtet. Die Leute behaupteten, sie hätten den Flüchtigen gesehen, wie er sich in Scheunen versteckte, im Schatten von Alleen und in verlassenen Gebäuden, in den Warteschlangen vor Brotausgaben und Suppenküchen und inmitten der Massen von Verzweifelten. In den folgenden Wochen sickerten Informationen über die angebliche Wahnvorstellung des alten Mannes durch, und die bittere Ironie des Ganzen entfachte die verzagte Phantasie der bedrängten Bürger: *Der Mann, der den Weihnachtsmann umbrachte* wurde zu einer düsteren Berühmtheit. An den brennenden Mülltonnen wurden Gerüchte über ihn ausgetauscht, und aus geflüsterten Bemerkungen entwickelten sich Sagen.

Herauszufinden, wo der alte Mann sich tatsächlich aufhielt, war hingegen eine weitaus kompliziertere Sache.

Während der grauen Frühlingsmonate dieses Jahres war es dem Gedächtnislosen gelungen, sowohl den Elfen als auch der Obrigkeit auszuweichen, indem er etappenweise nach Westen kreuzte, sich im Zickzack über die versiegenden Nebenflüsse des Ohio bewegte, durch die brachliegenden Kohlegruben des Coal Mine Country trottete und weiter über das Ozark-Plateau und in die unendliche Ödnis der Dust-Bowl-Staaten. Sein Gebaren ließ dabei – was seine Verfolger nicht wussten – auf heillose Verzweiflung schließen, auf ein Schicksal, das schlimmer war als der Tod.

Tatsächlich ließen die letzten sieben Monate seiner Flucht durch Missouri und Kansas die ersten dreieinhalb Jahre seines Marsches wie einen Spaziergang erscheinen. Er aß kaum. Er verlor weitere dreieinhalb Kilo, und sein Geist war zu dem Zeitpunkt, als alles zu Ende ging, schon fast verwirrt. Er war dem Glauben anheimgefallen, er sei kein Mensch, sei nie ein Mensch gewesen: Er war ein Dämon, ein Attentäter im Auftrag des Teufels, und dass er Weihnachten vernichtet hatte, war Teil eines apokalyptischen Komplotts, um das Ende aller Tage heraufzubeschwören – oder gar etwas Schlimmeres als das Ende aller Tage: das Ende aller Hoffnung.

Als er Childress County, Texas, erreichte – eine bettelarme Gegend mit trostlosem Buschland im äußersten Südwesten der Dust Bowl –, wusste er nicht mehr, wie weit das Jahr schon vorangeschritten war. Die erbarmungslose Dürre hatte die Farben der Pflanzen abgeschmirgelt; eine Jahreszeit sah nun aus wie die nächste, eine unendliche Aneinanderreihung sepiafarbener Staubwolken. Als der alte Mann, ein wandelnder Kadaver in Lumpen und staubigen Fellen, sich kurz nach Tagesanbruch in den winzigen Außenposten Kirkland schleppte, konnte er sich an gar nichts mehr erinnern außer an die unaufhörliche Qual seiner Schuld und seiner ziellosen Flucht.

An diesem Tag kauerte er sich in einen übelriechenden, verwaisten Hühnerstall am Rande der Stadt und wartete nur noch auf ein gnädiges Ende – durch Elfen oder durch das Eintreten des Todes –, das ihn erlösen sollte.

Er wusste nicht, dass Dezember war und dass seine lange Reise tatsächlich bald zu Ende gehen würde.

Er wusste auch nicht, dass dies nahezu Schlag sieben Uhr desselben Abends geschehen sollte.

Die offiziellen Berichte über diesen letzten Nachmittag weichen aufgrund unterschiedlicher Quellen voneinander ab. Heute existieren neben einzelnen Kapiteln in einigen volkskundlichen Werken über die Dust Bowl nur noch zwei Bände, die sich ausschließlich diesem Fall widmen: *Abrechnung mit Weihnachten: Die wenig bekannte Geschichte vom großen Patt in Kirkland* von Erik Larson hat sich zu der beliebtesten und meistverkauften unter den modernen Studien entwickelt; in seinem Buch malt Mr. Larson die letzten Minuten des alten Mannes in geradezu Shakespeare'scher Manier aus. In *Der Mann, der Weihnachten stahl* von Vincent Bugliosi wird der Showdown hingegen zur Anklage gegen die Jurisprudenz des frühen zwanzigsten Jahrhunderts und die Misshandlung von Geisteskranken. Im bedeutenden Archiv der Smithsonian Institution in Washington, D.C., befinden sich auch Aufzeichnungen einiger mündlicher Überlieferungen. Einer dieser Berichte, der von Moses Asch im Auftrag von Folkway Records vor Ort aufgenommen wurde, stammt von einem Texas Ranger namens Harlan Wickham. Stockend und röchelnd erzählt der Gesetzesmann auf seinem Sterbebett eine Geschichte, die viele als Erfindung oder Wahnvorstellung eines Delirierenden in Frage stellten. Dabei war Wickham an diesem letzten Nachmittag des Alten wirklich anwesend gewesen; und obwohl sein Bericht voller Widersprüche und sich wandelnder Angaben steckte, war er bis zu seinem Todestag der aufrichtigen Überzeugung, er habe etwas Übernatürliches gesehen.

Der finale Kampf begann, nach Aussage von Ranger Wickham, damit, dass einer der größten Staubstürme aufzog, den die Menschheit je erlebt hatte. Das Wetter über den trockenen Ebenen war schon seit Wochen unbeständig gewesen, und an diesem Nachmittag stießen zwei Fronten über Oklahoma aufeinander. Der daraus entstehende Schirokko wühlte den toten Mutterboden auf.

In jenen stürmischen Jahren hatten sich die Menschen in den westlichen Staaten bereits an die roten Strudel gewöhnt. Dann wurden die Schulen geschlossen, der Tag wurde zur Nacht, und die Leute brachten sich in ihren Kellern in Sicherheit – wenn sie zu den Glücklichen gehörten, die über einen Keller verfügten – und bedeckten sich mit feuchten Laken, um sich gegen die Ofenhitze des Sturms zu schützen. Ganze Städte verschwanden praktisch unter der scharlachroten Decke.

An jenem Nachmittag hörte der alte Mann das Tosen des nahenden Sturmes, bevor er ihn sah. In seinem verdreckten Hühnerstall aufgescheucht, spähte er aus der Brettertür in Richtung des westlichen Horizonts. Was er dort im vergehenden Zwielicht sah, hat seine blutleeren Adern gewiss vor Angst erstarren lassen, denn der Horizont war verschwunden. Eine gigantische rostige Walze hatte sich in einer Meile Entfernung zusammengebraut und hielt nun direkt auf ihn zu, schluckte alles, was im Weg stand, verschlang die Landschaft und verwandelte die Abenddämmerung in tiefschwarze Nacht.

Obwohl es niemand mit Sicherheit zu sagen vermag, muss der Gedächtnislose die brüllende Welle aus Staub als ein Zeichen betrachtet haben, als ein Omen, als eine Abwandlung der Offenbarung des Johannes, als das

Ende der Welt – denn er bemerkte, dass sie von einem schwächeren Geräusch begleitet wurde, einem Geräusch, das er schon den ganzen Tag über gehört hatte, einem Geräusch aus seinen Träumen, einem Geräusch, das von dem Güterzugdonnern der Sandwolke beinahe übertönt wurde.

Dieses schwächere Geräusch kam aus der entgegengesetzten Richtung, aus Osten: eine Serie winziger, wütender, wendiger Schritte – übernatürlich flinker Schritte –, die über die ausgedörrte und aufgesprungene Erde kreuzten. Nun blieb dem alten Mann keine andere Wahl, als die Flucht zu ergreifen – geradewegs hinein in die nahende Sintflut aus Sand.

Die Elfen trafen gerade noch rechtzeitig am Hühnerstall ein, um das Ziel ihrer dreieinhalbjährigen Verfolgungsjagd nur hundert Meter entfernt in die Mauer aus scharlachrotem Dunst eintauchen zu sehen. Diesmal würden sie ihn nicht verlieren. Das würden sie nicht zulassen. Sie würden eher sterben als scheitern.

Vor Anspannung zitternd, umrundeten sie den Hühnerstall, in ihren Händen Waffen von exotischer Gestalt, gefertigt aus Messing und Gold, geschmiedet in den Kellern ihrer wundersamen Arbeitsstätte. Sie waren so grazil wie Butterblumen, und ihre Mündungen erinnerten an Musketen.

«Shamus!» Der ältere Elf machte hektisch Zeichen mit seinem Gewehrlauf. «Nimm die Nordflanke! Ich übernehme den Süden!»

Die beiden Elfen schossen flinken Fußes in unterschiedliche Richtungen davon, die Waffen einsatzbereit erhoben, bis auch sie von der gewaltigen Walze aus Höllenstaub verschlungen wurden. Das Licht verschwand, und die Nacht schluckte den Tag.

Die Landschaft löste sich in der Wolke des blutroten Windes auf, der der Erde den Atem nahm, Fenster zerschmetterte, Sträucher dreißig Meter hoch gen Himmel schleuderte und den Elfen mit seiner Kakophonie beinahe die Trommelfelle zerriss. Und dennoch rückten sie ihrer Beute zu Leibe.

Zu diesem Zeitpunkt erschienen die einzigen anderen lebendigen Wesen in der weiteren Umgebung am Schauplatz des Gefechts. Auf dem Rücken ihrer Pferde preschten sie in die Vorderflanke des Staubsturmes, diese tapferen drei Seelen auf ihren zwei Reittieren (eine alte muskulöse rotbraune Stute trug einen Mann und einen Jungen, und ein junger Appaloosa beförderte einen Mann), und sie alle, Mensch wie Tier, husteten und spuckten, als der rote Wind sie lebendig begrub.

Einer der Zeugen, der Mann auf dem Appaloosa, ein Mann, der den weiten Weg von Cleveland, Ohio, zurückgelegt hatte, zog an den Zügeln und hielt rasch an, bevor der Sturm Gelegenheit hatte, ihn mitsamt seinem Ross zu Boden zu werfen. «Vergiss es – vergiss es! Lass den alten Spinner abhauen!», schrie der Krankenpfleger aus dem Eldrith Asylum, die Stimme gedämpft durch ein Halstuch über seinem Mund, und saß ab.

«Bleib bei den Pferden!», brüllte der alte Ranger

Harlan Wickham, zog die Riemen an und packte seinen jungen Passagier um die Taille. Wickham kniff die Augen zusammen, um durch das Gestöber aus rotem Staub sehen zu können, und ließ sich vom Pferd gleiten, den kleinen Jungen wie einen Sack Kartoffeln unter den Arm geklemmt.

«Ich kann sie sehen! Da draußen! – Die Pygmäen!», schrie der Junge und wand sich im kräftigen Arm des Rangers.

Auch der Junge hatte den weiten Weg von Ohio bis hierher zurückgelegt; der Ranger hatte ihn bringen lassen, weil er seine merkwürdige Aussage in der *Amarillo Daily News* gelesen hatte. Wickham war auf diese Idee verfallen, nachdem er den Gedächtnislosen siebzehn Tage lang über die verdorrten Rosenfelder des östlichen Childress verfolgt und den alten Kauz dabei beobachtet hatte, wie er unsichtbaren Peinigern auszuweichen schien. Außerdem hatte er bemerkt, wie sich geisterhafte Fußabdrücke im Staub formten und wieder verschwanden. Der Junge aus dem Waisenhaus war der Schlüssel – das sagte ihm sein Instinkt –, auch wenn seine Kollegen glaubten, Ranger Wickham habe den Verstand verloren.

«Da! – Seht ihr?! – Da vorne!» Der Junge deutete in die scharlachrote Leere, während er sich weiterhin in Wickhams Armen wand, und es kostete den Ranger einige Mühe, im Laufen mit der freien Hand seine Schofield Kaliber .45 zu ziehen. Unmöglich, durch die rosafarbene Suppe weiter als eine Kuhlänge zu sehen.

«DA!»

Wickham zielte auf Windhosen, die vor ihm umherwirbelten, und kniff seine tränenden Augen zusammen. Er konnte den Umriss des spindeldürren alten Kauzes drei Steinwürfe entfernt kaum erkennen, der mit den Armen heftig um sich schlug, wild vorwärts- und rückwärtsstolperte und blindlings durch den Sturm taumelte.

Währenddessen zeigte der kleine Junge schon in eine andere Richtung, wie ein Spürhund, der eine Fährte aufgenommen hat. Er deutete auf die unsichtbaren Pygmäen. «SIE HABEN GEWEHRE! – ACHTUNG, MISTER! – RUNTER! – *RUNTER!*»

Der Ranger richtete die Mündung seiner Schofield auf die Umgebung zu seiner Rechten – und wollte gerade abdrücken, als durch das Dröhnen des Sturms hindurch deutlich ein überaus absonderliches Geräusch ertönte, ein Mittelding aus dem Klang einer gigantischen Kirchenglocke und einem trocknen Donnerschlag.

Der Ranger zuckte bei dem Geräusch zusammen und spürte dann einen herben Schlag gegen den Solar Plexus. Der Aufprall hob den hochgewachsenen Mann beinahe aus seinen Stiefeln, raubte ihm den Atem, stieß ihm den Stetson vom Kopf, zerbrach die Schnalle seines Sam-Browne-Gürtels, und mit der sanften Gewalt eines Luftzugs, der mit einem Blatt spielt, wurde er rückwärts durch den Sturm geschleudert.

Die Schofield fiel ihm aus der Hand, und der Waisenjunge entglitt Wickhams Griff und landete in einer Verwehung von Sträuchern. Der kleine Junge blinzelte gegen den Staub an und starrte auf das, was sich in dem flammenfarbenen Gifthauch vor ihm ereignete.

Die beiden Pygmäen hatten sich wie Raubtiere dem Ranger genähert, der nun verstört blinzelte und versuchte sich aufzusetzen, versuchte zu sehen, versuchte zu verstehen, was eben geschehen war. Das Kind sah auch, dass der Ranger ... eigenartigerweise nicht verletzt war. Genau genommen sah der Ranger geradezu unheimlich erfrischt aus, als wäre er gerade von einem wohlwollenden Heilsbringer getauft worden.

Keine Kugel hatte den Körper des Rangers durchbohrt, kein Blut besudelte seinen Leib.

Der Waisenjunge sah nun, wie sich – für den Ranger unsichtbar – die Pygmäen zu beiden Seiten des Mannes niederknieten. Ihren bangen und besorgten Mienen war anzusehen, dass die Kleinen sich vergewissern wollten, ob der Ranger wohlauf war.

Was der Waise nicht wusste, war, dass Elfenwaffen keine Projektile abschießen, denn Elfenwaffen funktionieren nach Prinzipien, die denen tödlicher Waffen entgegengesetzt sind: Elfenwaffen saugen das Schlechte aus den Herzen der Menschen; wie ein Pfeil mit Verjüngungselixier verursacht die Druckwelle einer Elfenpistole keine Verletzung, sondern *heilt* sie.

In diesem Augenblick, inmitten des tosenden roten Sturmes, vermutete der kleine Junge aus Cleveland das wahrscheinlich bereits, denn er sah nun, wie der Ranger sich mit einem glückseligen Lächeln aufsetzte – einem Lächeln, das Bände sprach: Hier war ein Mann, der seiner

Frau sagen wollte, dass er sie liebte, und der unbedingt das Meer sehen wollte.

Wie ein Blinder, der soeben in eine Wunderquelle getaucht worden war, konnte der Ranger plötzlich alles ganz klar sehen, und er schien seinen Blick auf die Pygmäen zu richten, als er eine Freudenträne aus seinem windgegerbten Gesicht wischte und sagte: «Wer zum Teufel seid …?»

«Dooley!» Der jüngere Elf – der mit den vielen Fragen – ging dazwischen. «Psssst!»

«Einen Moment nur, Shamus!» Der ältere Elf betrachtete weiterhin aufmerksam den Ranger und bemühte sich, den Lärm des Sturmes zu durchdringen. «Geht es Ihnen gut, Sir?»

«Äh, ja.» Offenbar konnte der Ranger den geisterhaften Elfen immer wieder kurz sehen. «M-m-mir geht's gut.»

«Dooley! Sieh doch!»

Endlich blickte der ältere Wicht von dem Gesetzeshüter auf und sah, dass sein Kamerad auf etwas in einiger Entfernung zeigte, das im nebelhaften Schein des Zwielichts dalag und umso schwerer auszumachen war, als soeben die letzten Streifen des Staubsturms durch den Sonnenuntergang fegten.

Der Sturm flaute ab, sein Schweif entfernte sich schon, zog weiter gen Osten, wie die Rücklichter eines dämonischen Eisenbahnwaggons, die im Sonnenuntergang verblassen. Er hinterließ die Landschaft als sandgestrahlten Trümmerhaufen. Und dort, am Rande einer gebeutelten Ranch – ihr einfaches Gatter ohne Vieh, ihr Land versengt von der gnadenlosen Dürre –, lag ein Knäuel aus Stacheldraht, das sich in der Umzäunung verfangen hatte.

Im Kern dieses verknoteten Durcheinanders – gefangen wie ein Käfer im Spinnennetz – lag der sterbende Gedächtnislose.

«Komm, Shamus», murmelte der Ältere so ehrfürchtig, dass es wie ein Gebet klang. «Bringen wir es zu Ende.»

Um genau 18:59 Uhr – der Mann, der den Weihnachtsmann getötet hatte, lag eingewickelt und erschöpft im Stacheldrahtgewirr – näherten sich die kleinen dunklen Attentäter vorsichtig aus östlicher Richtung.

Dem Gedächtnislosen erschienen sie wie böse Geister, die aus den schwindenden Gliedern des Staubsturmes auftauchten. Er erwog zu kämpfen, erkannte aber fast augenblicklich, dass das Rennen vorbei war und dass es Zeit war, sich seinem Schicksal zu ergeben, und dass es Zeit war, für seine Sünden zu sterben.

Er versuchte den Kopf anzuheben, als sich die Winzlinge im fahlen, durchscheinenden Zwielicht bedrohlich abzeichneten. Beim Näherkommen schimmerten die tulpenförmigen Mündungen ihrer Waffen im Dämmerschein. «Ruhig, Captain», glaubte der alte Mann einen von ihnen sagen zu hören. «Ganz ruhig, Sir.»

Der alte Mann begann zu weinen. «Es tut mir so leid, es tut mir so leid, es war keine Absicht.»

Die Kopfgeldjäger verharrten zu beiden Seiten des verknoteten Durcheinanders aus Stacheldraht, der mit blutigem Staub überzogen war, und knieten nieder, ihre Musketen in den Armbeugen. Der Sturm war nun beinahe vollkommen abgeklungen, und die Stille, die sich auf das verwüstete Land senkte, schien sich bis zum Rio Grande auszudehnen. Inmitten dieses fremdartigen Schweigens konnte man das Summen sanfter Stimmen aus der Ferne des Äthers vernehmen.

«Halten Sie jetzt still, ganz still», murmelte der Ältere. Behutsam löste er das Gewirr. Der alte Mann spürte, wie der Druck auf seine skelettartigen Gliedmaßen, auf seine knochigen Hüften und auf seine gegeißelten nackten Füßen nachließ.

«Ich wollte ihn nicht umbringen.» Die staubbelegte Stimme des alten Mannes war kaum mehr als ein raues Krächzen. Die fernen Stimmen waren jetzt besser zu hören, sie sangen «Stille Nacht». Die Töne schwebten über die Ödnis und legten sich wie Balsam auf das wunde Land.

«Sie haben ihn nicht umgebracht, Captain», sagte der Jüngere, als er vorsichtig die Schultern des alten Mannes berührte und ihm dabei half, sich im Staub aufzusetzen.

Mit einem Mal schien das Land ruhig zu werden, und sogar die Luft beruhigte sich.

«Nicht?» Verwirrt und benommen blickte der Gedächtnislose über seine Schulter und sah die marode Ranch in fünfzig Metern Entfernung neben dem verrotteten, vom Wind gezeichneten Zaun stehen. Wie eine Geistererscheinung ragte das Haus aus der Dunkelheit: die grob behauenen Holzblöcke und Balken staubbedeckt, ein einziges Fenster erhellt von Kerzenschein. In diesem Fenster waren die Umrisse einer armen Familie erkennbar, die sich um einen jämmerlichen Weihnachtsbaum scharte und sang.

Die Erkenntnis durchflutete den Gedächtnislosen wie eine warme Welle. Es war der 24. Dezember 1932. Heiligabend. «Träume ich?», wollte der alte Mann wissen.

Die Elfen setzten sich neben ihn in den Schmutz. «Schön wär's», sagte der ältere Elf mit einem müden Seufzer und strich den Staub von seinen Hosen. «Sie haben uns allen einen üblen Schrecken eingejagt, Captain.»

«Ich habe den Weihnachtsmann also nicht umgebracht?»

Da schenkte Shamus, der Elf, ihm das wärmste Lächeln, das die Welt der Sterblichen jemals gesehen hat.

«Sie haben den Weihnachtsmann nicht umgebracht, Sir – *Sie sind der Weihnachtsmann.*»

Der alte Mann erstarrte. Bevor ein weiteres Wort fiel, funkte es zwischen den Synapsen tief in seinem Gehirn wie in einer kümmerlich glimmenden Glut, die wieder aufflammt: *Die Erinnerung an eine Kollision während des Fluges, am Morgen des ersten Weihnachtstages vor vier langen Jahren, den Sturzflug hinunter in den gefrorenen Pazifik, die Rentiere blind im Schneesturm, der Schlitten über British Columbia, Steuern nach Gefühl.*

«Das war so, Sir», klinkte sich der Elf, der Dooley genannt wurde, in seine Gedanken ein: «Sie haben den neuen Funkturm nicht gesehen, den sie nördlich von Prince George hingestellt haben – Fortschritt nennen die das – aber für so eine Art von Fortschritt ist die Welt noch nicht bereit, wenn Sie mich fragen.»

«O Gott, o Gott, o Gott», stieß der alte Mann hervor, als er sich daran erinnerte, wie der Turm aus dem Nichts aufgetaucht und die vorderen Tiere seines Gespanns an jenem entsetzlichen Morgen auf ihn geprallt waren, wie der Schlitten vom Himmel stürzte, Funken und Flammen sich seiner bemächtigten und wie sein eigener Kopf gegen die Eisenstreben schlug, er bewusstlos in eine Schneewehe geschleudert wurde, die Wucht des Aufpralls seine Erinnerung auslöschte und nur die Saat einer falschen Vermutung übrig ließ: dass er den Unfall irgendwie verursacht hatte. «Ich kann mich erinnern, mein Gott, ich kann mich erinnern!», stöhnte er, während der Wind das Jubilieren des Weihnachtsliedes zu ihm herübertrug und ihn darin wiegte.

Shamus, der Elf, hatte etwas zu sagen. «Sir, verstehen Sie es bitte nicht als Inso… – Insu… –»

«*Insubordination*, du Schwachkopf», berichtigte der ältere Elf.

Shamus nickte. «Genau. Es ist nur so, dass – also –»

«Captain, der Bursche hier will auf seine etwas tollpatschige Art und Weise sagen, dass Sie am besten mit uns mitkommen. Mal sehen, wie es so läuft am Heiligabend und so – noch wäre ja Zeit, Gutes zu tun.»

Der alte Mann starrte den Elfen ziemlich lange an, atmete dann tief ein und reckte seine müden, ausgemergelten Gliedmaßen. Und prompt begann sein Körper, sich zu verändern und an Umfang zuzulegen. Sein Gesicht schien im Halblicht der Dämmerung runder zu werden, als er sich mit knackenden Gelenken erhob. «Gott segne euch, Jungs, alle beide», raunte er und stützte sich auf Shamus' Schulter, als die Elfen ihn fortgeleiteten. «Gott segne euch dafür, dass ihr mich gefunden habt, jetzt und für alle Zeiten.»

In den Momenten und Stunden und Tagen, die folgten, wurden die Augenzeugen dieser Nacht – der Ranger und der Waise und der Krankenwärter des Eldritch Asylum – ihrerseits Opfer von Gedächtnisverlust, denn der Anblick des alten Mannes, der von den Elfen in die Nacht geleitet wurde, verblasste zu einer lückenhaften Erinnerung, die Erinnerung an einen Traum. Der Ranger versuchte sogar, die Geschehnisse dieser Nacht auf den Seiten eines Tagebuchs einzufangen, aber über die Jahre ging auch dieses Belegmaterial verloren. Er hätte das, was er gesehen hatte, niemals sehen dürfen, und die Unsichtbaren tilgten die Bilder schließlich aus seinem Bewusstsein. Mit der Zeit verkochten die Ereignisse von 1932 in dem faden Eintopf der Geschichte, in diesem Hexenkessel gegenseitiger Beschuldigungen und subjektiver Analysen, der stets auf einer entfernten Umlaufbahn um die Wahrheit kreist. Doch eines steht unverbrüchlich und unabänderlich in den Annalen der Great Depression: Lediglich sechseinhalb Wochen vor dem unheimlichen Stelldichein im Staubsturm war es dem Gouverneur von New York, einem umsichtigen Mann, der an einer Lähmung litt, gelungen, in die nationale Politik aufzusteigen und zum zweiunddreißigsten Präsidenten der Vereinigten Staaten gewählt zu werden – eine Zahl, die eine merkwürdige Übereinstimmung mit dem Jahr selbst aufweist –, und er gab in seiner Antrittsrede bekannt: «Ich verspreche Ihnen, ich verspreche mir selbst, einen New Deal für das amerikanische Volk.»

Franklin Delano Roosevelt genoss Unterstützung bei seinem New Deal, der das Land letztendlich aus dem gespenstischen Dornröschenschlaf der Great Depression erweckte.

Das Weihnachtsfest war zurückgekehrt – und der Weihnachtsmann trug nun jedes Mal, wenn er sich in die magische Nacht der Nächte hinauswagte, einen Schutzhelm.

Deutsch von Constanze Rheinholz

VEIT HEINICHEN

Der Baum

«Papà, du musst uns helfen!» Er hörte Livias Stimme nur schwach, sie klang verzweifelt.

Der Anruf seiner beiden Töchter erreichte ihn, als er nach dem eineinhalbstündigen Verhör Calamizzis auf der Via Coroneo schon fast an seinem Wagen angekommen war. Mit aller Kraft zog Laurenti die Autotür gegen die Sturmböen ins Schloss, und erst als auch Pina neben ihm saß, vernahm er Livia klar und deutlich. «Nur wegen einer Tanne soll ich eine saftige Geldbuße bezahlen. Die spinnen doch, die Bullen. Und obendrein muss ich noch den Alkoholtest machen und auch einen Drogentest, obwohl sie doch eigentlich wissen müssten, dass ich deine Tochter bin. Du musst unbedingt eingreifen!»

Es würde die erste wirklich kalte Nacht werden in diesem Winter, mit einem sternenklaren Himmel. Die Bora pfiff fröhlich ihr Lied und trieb alles, was nicht niet- und nagelfest befestigt war, vor sich her, Papier, Laub, Blumentöpfe und Müllcontainer, warf reihenweise Motorroller um und versetzte die Straßenlaternen in heftige Schwingungen. Ein paar Meter weiter flackerte das Blaulicht eines Feuerwehrautos, das trotz der Sturmböen die Drehleiter bis zum vierten Stock des einst ehrwürdigen Palasts der ehemaligen Cassa Marittima ausgefahren hatte. Das Gebäude stand seit Jahren leer und wartete auf einen neuen Besitzer. Ein Fensterladen wedelte dort oben beängstigend im Wind und drohte auf die Straße geschleudert zu werden. Ein anderer hatte bereits die Windschutzscheibe eines parkenden Autos durchschlagen. Die Straße war blockiert.

«Was ist passiert?» Laurenti legte, das Telefon am Ohr, den Rückwärtsgang ein und fuhr die Einbahnstraße zurück, bis er vor dem Justizpalast abbiegen konnte. Andere Autofahrer hupten wütend, er ließ das Fenster herunter und stellte das Blaulicht aufs Dach.

«Du musst sofort kommen!», bettelte Livia. «Im Moment testen sie Patrizia. Sie macht ihnen eine Szene, damit du rechtzeitig hier sein kannst, bevor ich dran bin. Ihr passiert schon nichts, sie ist ja schwanger. Gib Gas, Papà. In Barcola vor der Bar ‹La Voce della Luna›.»

Laurenti warf einen Blick auf die Uhr am Armaturenbrett. Halb acht. Er fragte Pina, ob sie etwas gegen einen kleinen Abstecher hätte vor dem Feierabend. Er betätigte die Sirene und jagte den Alfa Romeo durch Triest, als versuchte er einen flüchtigen Bankräuber zu stellen. Vor dem «La Voce della Luna» hielt er hinter dem Auto der Kollegen, und da fiel ihm schlagartig ins Auge, weshalb diese eingeschritten waren. Eine Familie war wirklich eine feine Sache!

«Seien Sie bloß froh, dass Sie keine Kinder haben»,

knurrte er zu Pinas Überraschung und schüttelte fassungslos den Kopf.

Am Straßenrand stand der Fiat Punto seiner Frau, auf dessen Dach ein riesiger Tannenbaum dilettantisch vertäut war. Die Seile liefen zu den Seitenfenstern hinein und waren im Innenraum verknotet. Dafür ragten Stamm und Wipfel des Baumes weit über Front und Heck des Wagens hinaus. Die Tanne, deren Zweige über die Seitenfenster herunterhingen, maß gut fünf Meter und wog mindestens einen Doppelzentner. Kein Mensch könnte so fahren! Wo hatten Patrizia und Livia bloß dieses Monstrum her? Und was führten sie damit im Schilde?

Als Laurenti aussteigen wollte, sagte Pina entschieden, dass sie sich um die Sache kümmern würde. Dankbar ließ er sie gewähren und beobachtete staunend, wie sie zwei Paar Handschellen aus der Ablage zog und damit zu den beiden Uniformierten humpelte. Obwohl jeder Polizist in der Stadt die kleine Inspektorin kannte, zog sie demonstrativ ihren Dienstausweis. Sie verlangte mit großen Gesten die Papiere von Laurentis Töchtern, blätterte sie flüchtig durch und steckte sie ein. Dann ging sie zu dem Fiat hinüber, zog den Schlüssel ab und verriegelte ihn. Wieder sah Laurenti sie mit den Uniformierten streiten, die schließlich verdrossen nachgaben. Pina legte den beiden Schwestern kurzerhand die Handschellen an und führte sie unter den verblüfften Blicken der Streifenpolizisten zu Laurentis Dienstwagen. In der Dunkelheit konnten die beiden Männer nicht erkennen, wer am Steuer saß. Schließlich stiegen sie in ihren Wagen und fuhren langsam davon.

«Danke, Papà.» Livia und Patrizia kicherten albern, als sie mit auf den Rücken gefesselten Händen unbeholfen auf die Rückbank rutschten. «Das war vielleicht knapp. Um ein Haar wäre der Führerschein weg gewesen, und Mamas Auto hätten sie auch beschlagnahmt. Die Bullen werden immer kleinlicher.»

«Bedankt euch bei meiner Kollegin. Wer von euch beiden saß am Steuer?»

«Wir wollten erst losfahren», sagte Livia.

«Raus mit der Sprache.»

«Ich», riefen beide wie aus einem Mund. Patrizia hieb ihrer Schwester den Ellbogen in die Rippen.

«Ich natürlich», wiederholte Patrizia schnell.

«Natürlich, weshalb?»

«Wir haben mit Marco noch einen Aperitif getrunken, bevor er zur Arbeit musste. Ich ohne Alkohol, deshalb», sagte Patrizia. «Aber nehmt uns doch endlich diese Handschellen ab. Sie tun verdammt weh.»

«Die bleiben dran, bis ihr dem Untersuchungsrichter vorgeführt werdet.» Marco! Damit war klar, wer den Baum gefällt hatte. Laurenti war zutiefst davon überzeugt, dass Livia mit ihrem Bruder auch noch einen Joint geraucht hatte. Doch in Anwesenheit der Inspektorin zog er es vor, seine Frage auf später zu verschieben. «Wer hat euch eigentlich diesen Baum aufs Dach gelegt?»

«Der ist eine Überraschung», sagte Patrizia stolz.

«Eine … was?»

«Der ist für daheim», sprang Livia ein. «Wir wollten ihn im Garten aufstellen und richtig schön schmücken, wenn schon einmal seit Jahren fast die ganze Familie zusammen ist.»

«Von welchem Garten redet ihr? In unserem stehen Akazien, Pinien, Oliven und weiß der Teufel wie viel anderes Zeug, da ist kein Platz für einen Mammutbaum. Wo habt ihr den überhaupt her?»

Pina saß auf dem Beifahrersitz und versuchte krampfhaft, ernst zu bleiben. Das erste Mal an diesem Tag, dass sie sich vor Lachen hätte ausschütten wollen.

«Wo ihr den Baum herhabt!»

«Ein Freund hat ihn uns geschenkt.»

«Der Stamm sieht nicht gerade danach aus, als wäre er fachmännisch gefällt worden.»

«Das geht schon in Ordnung. Es hat uns niemand gesehen.»

«Erinnert ihr euch eigentlich auch manchmal daran, welchen Beruf euer Vater hat?» Laurenti kam aus dem Staunen nicht heraus. «Pina, was haben Sie eigentlich den beiden Beamten erzählt, dass sie diese beiden Tannenbaumdiebinnen laufenließen?»

Pina hielt sich die Faust vor den Mund und täuschte einen Hustenanfall vor, bis sie sich wieder gefangen hatte. «Genau das, Commissario. Dass wir hinter den beiden bereits seit längerem her sind und dank dieses mutigen Einsatzes endlich Schluss mit der Weihnachtsbaumkriminalität ist. Ich habe die Kollegen gelobt und ihnen gedankt.» Mit diesem Satz brachen endgültig die

Schleusen, und Pina prustete plötzlich vor Lachen los. Und auch Livia und Patrizia konnten sich nicht mehr einkriegen. Nur Proteo Laurenti saß schweigend und mit unbewegter Miene am Steuer und fragte sich, ob es in dieser Stadt eigentlich auch normale Menschen gab.

«Raus», schnauzte er plötzlich los. «Alle raus. Sofort!»

Stille kehrte ein.

«Raus, hab ich gesagt.» Er zog den Zündschlüssel ab. «Mitkommen», befahl er barsch und ging in Richtung der kleinen Bar über dem Meer.

Die drei jungen Frauen folgten ihm, unschlüssig, was er im Schilde führte.

«Pina, lassen Sie bitte meine missratenen Töchter frei. Ich spendiere einen Aperitif, nüchtern hält das niemand aus. Und dann überlegen wir, was wir mit dem Baum machen. So könnt ihr nicht nach Hause fahren. Eure Mutter wird entsetzt sein über die Kratzer im Lack, und ich kann Christbäume nicht ertragen.»

«Bora mit Spitzen von 183 Stundenkilometern», lautete der seitenbreite Titel des Lokalblatts. Der Artikel und die Fotos im *Piccolo* zählten wie üblich die Schäden auf; doch gab es keine sensationellen Meldungen. Es war die Stadt der Winde, und ohne die Bora, die aus Nordnordost vom kalten Karst aufs Meer herunterstürzte, wäre Triest nur halb so schön. Immer wenn sich der Sturmwind ankündigte, tickten schon zwei Tage zuvor die meisten Einwohner anders. Proteo Laurenti konnte unzählige Geschichten von wetterfühligen Menschen erzählen. Gute Autofahrer waren die Triestiner noch nie, doch zu dieser Zeit waren selbst zwei Fahrspuren für einen Cinquecento zu eng. Oder die unflätige Nervosität der Kunden, über welche die Ladeninhaber ihre Witze rissen, um nicht zu verzweifeln. Dann die Geschichte von dem Rentner, der, mit Jackett und Krawatte bekleidet, die prunkvolle neoklassizistische Schalterhalle der Bankfiliale am Corso Italia betrat – leider hatte er vergessen, seine Hose anzuziehen. Dafür beförderte er unter den nur wenig entsetzten Augen der weiblichen Bankangestellten mit einem beherzten Griff in seine Boxershorts eine lange Wurst aufgerollter Banknoten hervor. Achtzigtausend Euro, die Damen hatten mehr erwartet.

Die einzige Meldung, die Laurenti ganz las, galt einer fünf Meter hohen Tanne, die aus dem Vorgarten der Villa eines Neureichen in der Via Romagna gestohlen worden war. Der Besitzer entdeckte es erst am Abend, als er mit Weihnachtsgeschenken bepackt nach Hause kam. Eine Tanne in Küstennähe? Eine Geschmacksverirrung! Windschiefe Pinien standen überall, aber den Schwarzwald am Mittelmeer brauchte es nun wirklich nicht. Gut, dass sich jemand dieses Dings angenommen hatte. Dass der geschändete Baum sich allerdings im offenen Meer vor dem Schloss Miramare in der Schraube eines Bootes der Küstenwache verfangen hatte, war ein anderes Kapitel. Ein größeres Schiff musste ausrücken und den Kahn der Seebären gegen Sturmböen, durch peitschende Wellen und wilde Gischtwirbel in den Hafen zurückschleppen. Wenn man den Journalisten glauben durfte, dann hatte nicht viel gefehlt, und das havarierte Boot wäre an den Felsen zerschellt – ganz gegen die Logik der Bora, die seewärts blies. Zum guten Schluss aber wurde festgestellt, dass die Christbaumdiebe den Baum also den Wellen der Adria übergeben hatten. Ein starkes Stück!

KATE PEPPER

Mit einem Schlag

Seit über einer Stunde schon war die Weihnachtsfeier in dem großen Konferenzraum am anderen Ende des Flurs in vollem Gange, und der Schneesturm, der den gesamten Verkehr in Manhattan lahmgelegt hatte, heizte die Stimmung nur noch mehr an. Man saß hier fest, der Champagner floss in Strömen, und das Fest versprach so lange weiterzugehen, wie das Unwetter draußen anhielt.

Nur Effie Miller hatte in letzter Sekunde beschlossen, nicht mitzufeiern. Sie blieb auf ihrem angestammten Platz vor dem Büro des Firmendirektors, dem sie seit bald zwanzig Jahren als treue Sekretärin zur Seite stand, und blickte starr auf einen Scheck über zwei Millionen Dollar. Es war ein blauer Scheck von der Citibank, ausgefüllt und unterschrieben von der Buchhaltung Ames Vanderbilts, eines der legendären Vanderbilts, der regelmäßig in den Stollit-Privatfonds investierte. Durch den Schneesturm hatte Effie den Scheck noch nicht einlösen können, und sie war dankbar für dieses Einwirken einer höheren Macht. Der ganze Tag war so gewesen: ein Zusammenspiel außergewöhnlicher Kräfte, denen sie nichts entgegenzusetzen hatte.

Erst der Anruf ihres Onkologen am Morgen, die schlechte Nachricht. Und dann der Entschluss.

Sie schob den Scheck in die oberste Schublade ihres Schreibtischs. Für Ames Vanderbilt und Ted Stollit waren zwei Millionen Dollar gar kein so hoher Betrag, doch für sie waren es sage und schreibe zwei Millionen Dollar. Ihr wurde ganz schwindlig bei der Vorstellung, was sie mit so viel Geld alles anfangen und erleben könnte, in dem knappen halben Jahr, das ihr noch blieb. Und seit sie sich diesen Gedanken erlaubte, erschien es ihr unfassbar, geradezu kriminell, wie solche Summen hier einfach verpulvert wurden.

Der Schneesturm draußen wurde stärker. Durch die Glaswand zwischen ihren beiden Büros konnte Effie Ted sehen. Er hatte sich in seinem Schreibtischstuhl zurückgelehnt, die gekreuzten Beine auf das Sideboard gelegt und schaute durch die raumhohen Flügelfenster hinaus in das chaotische, schwarzweiße, ebenso schöne wie schreckliche Naturschauspiel des Schnees, der vor der abendlich erhellten Kulisse der Park Avenue tanzte. Bis auf eine einzelne Lampe brannte kein Licht in Teds Büro, sein silbergraues Haar schimmerte im Halbdunkel. In der Ferne war die Spitze des Empire State Building von horizontalen roten und grünen Lichtstreifen eingefasst; tags zuvor waren sie noch blau und weiß gewesen.

Effie hatte gerade die Schreibtischschublade abgeschlossen und wollte aufstehen, als die Tür der abgeschiedenen Bürosuite, die sie mit Ted teilte, geöffnet wurde. Ausgelassenes Stimmengewirr drang herein.

Effie hängte den Schlüssel wieder an die goldene Kette, die Ted ihr vor Jahren geschenkt hatte, legte sie sich um den Hals und ließ ihn im Ausschnitt ihrer rosafarbenen Seidenbluse verschwinden.

«Willst du denn gar nicht feiern kommen, Effie?»

Jay Patel, der junge Finanzanalyst, der ein wenig für Effie schwärmte und sie mit der unermüdlichen Zuneigung eines ergebenen Enkelsohns bedachte (obwohl sie doch noch nicht einmal dreiundfünfzig war), wirkte bereits ziemlich betrunken. Seine Wangen waren gerötet, und sein sonst so akkurat frisiertes dunkles Haar sah aus, als hätten Frauenhände darin gewühlt.

«Doch, doch, sobald ich hier fertig bin.»

«Es ist schon nach sechs! Du kannst doch nicht immer nur arbeiten.»

«Ich erledige nur noch ein paar Kleinigkeiten.»

«Kann ich dir wenigstens schon mal ein Glas Champagner bringen?»

«Das wäre sehr nett von dir. Und sei doch so lieb und bring auch eins für Ted mit.»

Kurze Zeit später kam Jay mit zwei schmalen Champagnerflöten zurück und stellte sie auf Effies Schreibtisch. Er wusste, dass nur sie unangemeldet in das Heiligtum des scheuen Geschäftsführers vordringen durfte.

«Hast du nicht irgendwann über die Feiertage Geburtstag?» Jay schien noch nicht gehen zu wollen.

«Am zweiten Weihnachtstag.» Effie lächelte, um die Mitleidsbekundung abzufangen, die unweigerlich auf diese Mitteilung folgte. Es stimmte schon: Ihr Geburtstag ging häufig in der nachweihnachtlichen Erschöpfung unter, doch daran war sie längst gewöhnt. Im Lauf der Jahre hatte sie ihr eigenes System entwickelt, um die Einsamkeit in Schach zu halten: ein Kinobesuch, ein Abendessen bei ihrem Lieblingschinesen, ein Stündchen mit einem Buch und einer warmen Decke auf dem Sofa, bis es Zeit zum Schlafengehen war. Dennoch war sie immer heilfroh, wenn die nächste Arbeitswoche begann.

«Solange du nur nicht allein bist.»

«Mach dir mal keine Sorgen um mich», entgegnete Effie, und ihr junger Kollege nickte, als fände er diese schlichte Aufforderung absolut einleuchtend.

Sie lächelte wieder und wartete, bis er sich schließlich doch abwandte. Als er fort war, stand sie auf und verriegelte die Tür von innen. Ihr Büro war größer und besser ausgestattet als die Räume der anderen Mitarbeiter der Stollit Group. Allein der Teppich hatte mehr gekostet, als Effie im Jahr verdiente. Dazu kamen ein ebenso hochmoderner wie völlig unpraktischer Schreibtisch und vier Corbusier-Stühle mit Kuhfell, die einen viel zu niedrigen gläsernen Couchtisch umstanden. Teds verstorbene Frau Linda hatte die Möbel ausgewählt, und Effie hatte sich über die Jahre hinweg schweigend und hartnäckig damit arrangiert. Jetzt wollte Teds Verlobte alles wieder umdekorieren: Die neunundzwanzigjährige ehemalige Kellnerin, die neuerdings ausschließlich Kaschmir und Brillanten trug, hatte mit einem Seitenblick auf Effie geäußert, der «Zugang» zu Teds «Thronsaal» könne ein «ordentliches Lifting» vertragen. Effie hatte bei dieser

Bemerkung ein Schaudern verspürt. Fast kam es ihr vor, als wüsste dieses Mädchen instinktiv, was sie seit Jahr und Tag für ihren Chef empfand, als wüsste sie, dass Effie in Ted verliebt war. Es hatte ihr das Herz gebrochen, als er sie nach Lindas Tod zugunsten eines jüngeren Modells überging. Nachdem die Kellnerin vor einem guten halben Jahr auf der Bildfläche erschienen war, hatte Effie sich zwei Monate lang jeden Abend in den Schlaf geweint.

Nun stand sie in der Stille ihres Büros und nahm all ihren Mut zusammen. Sie griff nach den beiden Champagnergläsern, durchquerte den Raum und tippte mit dem Rand des einen Glases leicht an die Scheibe der Tür. Ted drehte sich um und lächelte, als er sie und den Champagner sah. Mit einem Griff unter den Schreibtisch betätigte er den Türöffner, und die Tür schwang langsam vor ihr auf.

«Fröhliche Weihnachten, Ted.» Effie reichte ihm ein Glas über den dunkel glänzenden Ebenholzschreibtisch.

«Dir auch fröhliche Weihnachten, Effie.»

Ted kam um den Schreibtisch herum und blieb vor ihr stehen, leicht vorgebeugt, denn er war ein ganzes Stück größer als sie. Als er mit ihr anstieß, erzeugten die beiden Gläser einen hinreißend melodischen Klang. Effie nahm einen Schluck und behielt den Champagner einen Augenblick im Mund. Dann trank sie einen weiteren, größeren Schluck und merkte, wie sie langsam ruhiger wurde.

«Hast du einen Moment Zeit, Ted?», fragte sie. «Ich würde gern mit dir reden.»

Er breitete die Arme aus und schenkte ihr ein strahlendes, wohlwollendes Lächeln, das seine leicht schiefen, geweißten Zähne freilegte. Er war einundsechzig Jahre alt und immer noch attraktiv, ein Mann, dem das Älterwerden gut bekam. «Effie, für dich habe ich doch immer Zeit.»

Wenn er bloß nicht so mit ihr flirten würde, oder was immer er da zu tun glaubte! Effie trank noch einen Schluck Champagner.

«Sag mal, ist der Scheck von Ames eigentlich angekommen?»

«Ja, aber erst ziemlich spät. Ich habe ihn bei mir im Schreibtisch.»

«Bring ihn mir doch kurz rein, ja?»

«Ted ... ich wollte dir etwas sagen.»

Das Lächeln verschwand. Er neigte den Kopf zur Seite. «Was denn?»

Eigentlich wollte sie es ihm gar nicht sagen, weil sich dann alles ändern würde. Aber sie hatte letzte Woche wegen des Arzttermins einen Tag nicht ins Büro kommen können, und Ted hatte bereits zweimal gefragt, ob die Ergebnisse schon da seien. Linda war an Brustkrebs gestorben, und seither zeigte Ted fast schon übertriebene Anteilnahme, wenn jemand in seiner näheren Umgebung gesundheitliche Probleme hatte.

«Zunächst einmal ... Mein Arzt hat angerufen.»

«Und?» Ted stellte sein Glas auf dem Schreibtisch ab, beugte sich vor und fasste sie an der Schulter. Die Wärme seiner Hand drang mühelos durch die dünne Schutzschicht der Seide. Fast wünschte sie sich, er würde die Hand wieder wegnehmen. Es war so schon schwer genug für sie, denn wenn sie heute das Büro verließ, würde sie ihn vermutlich nie wiedersehen.

«Ich habe Bauchspeicheldrüsenkrebs. Im Endstadium. Ich werde es wohl nicht mehr lange machen.» Sie neigte das Glas, ließ den Champagner durch die Kehle rinnen.

«Mein Gott, Effie.» Jetzt schlang er beide Arme um sie, und Effie ertappte sich bei einem schrecklichen Gedanken: Das hätte ich ihm schon vor einem Jahr erzählen sollen, als es noch nicht stimmte, als es noch keine Kellnerin gab. Wenn sie einander so umarmt hätten, als sie noch gesund war, hätte sich womöglich auch in ihm der Gedanke an eine gemeinsame Zukunft geregt. Doch sie wollte ja keine Lügen mehr. Darum ging es hier schließlich.

Sie machte sich von ihm los, griff nach seinem Glas und leerte auch das in einem Zug. «Entschuldige. Ich hole dir ein neues.»

Er hielt sie am Arm zurück. «Wie viel Zeit bleibt dir noch?»

«Ein halbes Jahr, sagt der Arzt. Aber das ist nur eine Schätzung.»

«Es tut mir so leid, Effie, so furchtbar leid. Kann ich etwas für dich tun?»

Beschwipst, wie sie war, ergab sich alles Weitere fast wie von selbst. Sie wusste, sie hätte jetzt einfach gehen und den Scheck mitnehmen können, ohne dass etwas dabei gewesen wäre; doch erst musste sie ganz klar

Stellung beziehen, selbst wenn es – was keineswegs ausgeschlossen war – das Letzte sein würde, was sie im Leben zustande brachte.

«Du kannst nichts mehr für mich tun, Ted. Ich werde ganz sicher nicht weiterarbeiten.»

«Natürlich nicht. Aber eines kann ich doch noch tun. Sag mir, wo du gern hinmöchtest. Nenn mir einen Ort, ganz gleich, wo er ist. Wie willst du den Rest deines Lebens verbringen? Du brauchst es mir nur zu sagen, ich werde es dir ermöglichen.»

«Ich will noch etwas erreichen», sagte Effie. «Einmal Mut beweisen.»

Teds Blick verdüsterte sich ein wenig. Das war offensichtlich nicht die Antwort, die er erwartet hatte. «Ich würde dich gern nach Polynesien schicken, nach Moorea. Das soll der schönste Ort der Welt sein. Sandy möchte unsere Flitterwochen dort verbringen.»

«Nein, vielen Dank.» Effie holte tief Luft. «Es geht um den Scheck von Mr. Vanderbilt. Wir können ihn nicht einlösen.»

«Ach nein?»

«Das alles muss ein Ende haben.»

Sie sah, wie seine Kiefermuskeln sich anspannten. Diesen Moment hatte sie am meisten gefürchtet: den Augenblick, in dem sie sich seiner Macht entzog.

«Das ist jetzt wohl kaum der richtige Zeitpunkt für Gewissensbisse. Du bist krank. Ich werde dir helfen. Aber du kannst doch nicht alle mit dir in den Abgrund reißen.»

«Alle?» *Nein, nur dich.* Er wusste so gut wie sie, dass außer ihnen beiden kein Mensch Zugriff auf das Konto des Stollit-Fonds hatte. Die Stollit Group war eine separate Wirtschaftseinheit, die sich nur um die legalen Firmengeschäfte kümmerte.

«Ich glaube, dir ist gar nicht klar, Effie, wie wichtig du für mich bist. Das war doch immer unser Geheimnis. Nicht einmal Linda wusste davon.»

«Darüber habe ich auch nachgedacht. Sie starb, ohne je davon erfahren zu haben, und in gewisser Weise wird eure langjährige Ehe dadurch fast wieder aufrichtig … so wie der Baum, der einsam im Wald umfällt und kein Geräusch macht, weil niemand da ist, der es hören könnte. Linda wusste von nichts, also ist auch nichts passiert. Vermutlich hilft dir der Gedanke an sie, dir einzureden, dass du im Grunde ein guter Mensch bist.» Es hatte Monate gedauert, bis ihr dieser Gedanke so klar vor Augen gestanden hatte, und es erleichterte sie ungemein, ihn endlich auszusprechen.

«Was genau willst du mir eigentlich sagen, Effie? Willst du die Börsenaufsichtsbehörde rufen? Ist es das?»

Ihr Blick schweifte ab und blieb an dem Picasso an der Wand hängen, Teds jüngster Errungenschaft: *Dora Maar mit Katze*. Das Bild zeigte eine sitzende, kubistisch verschobene Frauengestalt mit einer schwarzen Katze auf der Schulter. Ted hatte bei einer Auktion mehr als fünfundneunzig Millionen Dollar dafür bezahlt – fünfundneunzig Millionen, die ihm im Grunde gar nicht gehörten. Fast schien es, als würde ihr das zum ersten

Mal klarwerden, so schwer lastete es plötzlich auf ihrem Gewissen. Und während ihre Aufmerksamkeit weiter durch den Raum wanderte – ein Foto von Teds Strandhaus in den Hamptons, ein weiteres von dem Haus in Südfrankreich, der Golfball aus massivem Gold auf dem Schreibtisch, der ihm als Briefbeschwerer diente, die vielen kleinen Stier-Skulpturen überall im Büro –, spürte sie, wie Verzweiflung von ihr Besitz ergriff, als wäre sie gerade unversehens Zeugin eines schweren Raubüberfalls geworden. Sie würde wohl nicht mehr lange genug leben, um zu ergründen, wie alles gekommen war, was sie dazu bewogen hatte, einem Dieb so rückhaltlos zu vertrauen, und woher sie jetzt den Mut nehmen sollte, sich wieder von ihm loszusagen.

«Was ich sagen will …» Sie fühlte sich etwas benebelt, musste sich räuspern. «Was ich dir zu sagen versuche …»

«Ist dir nicht gut, Effie?» Ted machte einen Schritt auf sie zu. «Komm ans Fenster … ein bisschen frische Luft wird dir guttun.»

Er legte ihr den Arm um die Taille, sie spürte seine Finger an der Hüfte. Es war eine fast erotische Nähe; sie spürte, wie ihr Körper nachgab, sich an seinen schmiegte. War es denn wirklich so verwerflich, sich noch ein letztes Mal dem Traum von Effie und Ted hinzugeben? Und dann, aus dem Nichts, ein weiterer schrecklicher Gedanke: Sie hatte die Macht, ihn zu erpressen. Nicht um Geld, sondern um das, was Männer Frauen schon seit Menschengedenken abtrotzten: Sex. Effie schob den

Gedanken weit von sich. Sie hatte immer nur eines von Ted gewollt: dass er sie liebte.

Gemeinsam schauten sie hinaus ins Schneegestöber, vierzehn Stockwerke über den menschenleeren, verschneiten Straßen. Ted betätigte den Griff und öffnete ein Fenster. Frostige Luft und eiskalte Schneeflocken trieben herein. Effie hielt den Atem an, schloss die Augen und drückte das Gesicht an Teds schützende Brust.

«Effie», flüsterte er und strich ihr sanft über die Wange. Dann wanderten die Finger weiter, ihren Hals entlang – so, wie sie es sich immer ausgemalt hatte. Trotz der kalten Luft von draußen wurde ihr warm. Kontraste erfüllten ihre Gedanken: Leben und Tod, Liebe und Sex, Ehrlichkeit und Lüge. Und zum ersten Mal seit langem fühlte sie sich wie ein fehlbarer Mensch. Sie fühlte sich lebendig.

«Ted.» Sie versuchte, sich wieder von ihm loszumachen. «Ich will nicht ... Ich kann nicht ...»

«Pst.»

Er öffnete die obersten drei Knöpfe ihrer Bluse, beugte sich über sie und küsste ihre Brust. Aller Atem wich aus ihrem Körper. Ihr Kopf war völlig leer.

«Effie», flüsterte er wieder.

Sie fasste nach seinem Kopf, drückte sein Ohr an ihre Brust. «Hörst du mein Herz? Wie schnell es schlägt?»

«Ja, ich höre es.»

Dann küsste er sie, sanft und zärtlich, und es war genau so, wie sie es sich immer erträumt hatte: langsam, erregend, voller Gefühl. Ihr Herz schwoll an, es schwoll tatsächlich an, und ihre Schenkel spreizten sich wie von selbst, als sich seine Hand unter ihren Rock stahl. Er schob den Rock bis zur Hüfte hoch, und sie ließ sich willig von ihm auf das Sideboard heben. Sie wollte die Hände ausstrecken, ihn ebenfalls berühren, doch das wagte sie nicht. Dieser Teil war in ihrer Vorstellung immer ausgespart geblieben: Sie hatte sich lediglich ausgemalt, was er mit ihr machte und wie sie es zuließ.

«Effie.»

Sie spürte noch, wie die goldene Kette um ihren Hals zerriss, bevor sie rücklings aus dem Fenster fiel. Mit einem Schlag war sie wieder nüchtern, ihre Gedanken wach. Sie flog, *flog* durch die Luft, und ihr Körper krümmte sich in dem unerbittlichen Fall hinab in den weiten, unberührten Schnee.

Ted schloss das Fenster wieder und schüttelte sich Schneekristalle vom Ärmel. Er ließ die Goldkette mit dem Schlüssel daran in seine Hosentasche gleiten, rückte seine Krawatte zurecht. Nach kurzem Nachdenken öffnete er das Fenster erneut und warf Effies Champagnerglas hinterher. *Was für eine Tragödie: Selbstmord im Suff, nachdem sie am Morgen erfahren hat, dass sie tödlich an Krebs erkrankt ist.* Sein eigenes leeres Glas ließ er auf dem Schreibtisch stehen und ging in Effies Büro hinüber. Er schloss die oberste Schublade ihres Schreibtisches auf. Da lag der Scheck von Ames Vanderbilt. Er faltete ihn einmal, schob ihn in seine Brieftasche, verschloss die Schublade wieder und steckte den Schlüssel zurück in die Tasche.

Als er die Bürotür öffnen wollte, spürte er, wie der Riegel nachgab. Wie genau sie immer um seine Bedürfnisse gewusst, ihn beschützt hatte. Das würde ihm ganz sicher fehlen.

«Ted!»

Der junge Jay Patel kam den Flur entlang. Hinter ihm drangen Musik und Gelächter aus dem Konferenzraum.

«Hallo, Jay. Habe ich das Beste schon verpasst?»

«Alles noch voll im Gang. Ich wollte gerade Effie holen kommen. Sie ist ein furchtbarer Partymuffel, finden Sie nicht?»

Patel war sturzbetrunken, er lallte bereits. Ted klopfte dem jüngeren Mann auf die Schulter und steuerte ihn zur Weihnachtsfeier zurück.

«Effie zieht sich nur noch kurz die Lippen nach. Na los, zeigen Sie mir mal, wo ich was zu trinken bekomme.»

Deutsch von Tanja Handels

SEBASTIAN FITZEK

Allein

Die unheilvolle Geschichte ereignete sich an einem jener regenschweren Nachmittage, die sich ohne Kenntnis der Uhr- und Jahreszeit kaum von den schwarzgrauen Nächten unterscheiden lassen, die den Berliner Dezember so häufig bestimmen. Die Dunkelheit war noch früher als der Frost hereingebrochen, hier draußen, am Rande des Grunewalder Forsts, wo die kleine, windschiefe Villa aus den Anfängen des letzten Jahrhunderts die Grenze zwischen dem dichten Baumbestand und der kleinen Siedlung markierte. Normalerweise hielt Jacob Sinner um diese Zeit ein kurzes Nickerchen in seinem Ohrensessel. Doch heute, vielleicht des tragischen Datums wegen, war er von innerer Unruhe erfüllt aufgestanden, um mit seinem Hund spazieren zu gehen. Romulus war ein etwas zu füllig geratener Bassett, der – so schien es – sich selbst für eine Katze hielt. Die meisten Stunden des Tages verbrachte das Tier schlafend vor dem Kamin eingerollt, und auf ausgedehnte Spaziergänge legte er noch weniger Wert als sein Besitzer. Obwohl der Wald direkt vor der Hintertür begann, verrichtete Romulus sein Geschäft meist im Garten, um nur ja schnell in die warme Stube zurückkehren zu können. An Tagen wie heute, nasskalt und mit Winden unter dem Gefrierpunkt, weigerte er sich, das Haus überhaupt zu verlassen, und Jacob hatte ihn mit sanfter Gewalt an die Leine nehmen müssen.

In einem Anflug lächerlicher Nostalgie band Jacob Romulus mit einer roten Schleife die Hängeohren hoch, damit sie nicht auf dem morastigen Boden schleiften, wo sie sonst Dreck, Schnee und manchmal sogar Ungeziefer aufsammelten. Normalerweise benutzte er dafür ein simples Halsband, doch heute war schließlich Heiligabend, und so hatte er wenigstens den Hund mit jenem roten Band geschmückt, das früher immer die Krone ihres Weihnachtsbaumes geziert hatte.

Früher.

Kaum vor der Tür, war ihm der ungewöhnliche Anblick des Hundes jedoch peinlich, und so war er froh, auf dem kurzen Weg durch den Wald niemandem zu begegnen. Aber wie sollte er auch? Schließlich war es Zeit für die Bescherung. Niemand, der Sinn für Tradition oder Kinder besaß (und hier in der Siedlung rühmte man sich ihrer gerne), trat um diese Uhrzeit vor die Tür. Stattdessen verteilte man Geschenke oder schnitt den Festbraten an. Und so wunderte Jacob sich auch nicht über die Waldeinsamkeit, die gut zu seiner Stimmung passte.

Was hingegen seine Aufmerksamkeit erregte, war das Licht, das ihm den Rückweg zu seiner Villa wies. Es schien direkt aus dem Wohnzimmer zu kommen und flackerte, obgleich er das Feuer im Kamin doch gelöscht hatte. Das tat er immer, bevor er das Haus verließ, schon der Versicherung wegen.

Ist die Glut wieder erstarkt? Habe ich, wie in letzter Zeit so oft, einen gedankenlosen Fehler begangen?, fragte er sich, und Trauer übermannte ihn. Wie gerne hätte er sich mit Katharina besprochen. Ihr von seinen Sorgen und Nöten erzählt, sich von ihr beruhigen lassen, dass eine gewisse Vergesslichkeit zu den unvermeidlichen Bürden des Alters zähle und nichts Schlimmeres zu bedeuten habe. Der Gedanke, mit ihr gemeinsam auf dem Sofa zu sitzen und zufrieden das Spiegelbild des jeweils anderen in der Kaminscheibe zu betrachten, lag ihm nun schwer auf der Seele.

Katharina jemals wiederzusehen, ihr durch das kastanienbraune Haar zu streichen und den Druck ihrer weichen Hände in seinen eigenen zu spüren – diese Hoffnung hatte er ebenso zu Grabe getragen wie ihren Körper. Ihren schlanken, blassen Körper, viel zu klein für den wuchtigen Sarg, den er, noch von Trauer umnebelt, kurz nach dem tragischen Unfall ausgesucht hatte. Dieser Sarg war eine unverzeihliche Nachlässigkeit gewesen, die er wie so viele Fehler in seinem Leben bedauerte; jedoch nicht so sehr wie den einen, der ihm jegliche Hoffnung raubte.

Die Verwunderung über die unerklärliche Lichtquelle im Haus schlug in Entsetzen um, als Jacob das Wohnzimmer betrat, ausnahmsweise ohne sich zuvor seine verdreckten Schuhe oder den Wintermantel ausgezogen zu haben.

In der hintersten Ecke des Raumes, dort, wo er es sich normalerweise in seinem Ohrensessel bequem machte, saß eine dunkle Gestalt. Groß, männlich, von athletischer Statur. Mehr allerdings war nicht zu erkennen. Das Gesicht des Eindringlings wurde durch die Ohren des Sessels vollständig verdeckt.

«Wer sind Sie?», fragte Jakob, eher ängstlich als erbost.

«Ich muss mich entschuldigen.» Der Mann antwortete mit klarer, freundlicher Stimme, machte allerdings weder Anstalten aufzustehen, noch sich vorzustellen. «Ein Notfall führt mich her», sagte er stattdessen.

Aha, darum geht es also, dachte Jacob und beschloss, den Hausfriedensbruch und auch die Anmaßung, in einem fremden Haus einfach ein Kaminfeuer zu entfachen, zunächst unerwähnt zu lassen.

«Ich habe mich zur Ruhe gesetzt», sagte er stattdessen und bemühte sich sogar zu lächeln. «Ich arbeite nicht mehr als Psychotherapeut.» Nichts lag ihm ferner, als den Ärger des Fremden auf sich zu ziehen. Nichts näher, als ihn zum Verlassen seines Hauses zu bewegen, damit er mit seinen trüben Gedanken wieder allein sein konnte.

«Das weiß ich», antwortete die Gestalt. «Nur, Hilfe gibt es nun nicht mehr.»

«Wovon reden Sie?» Jacobs Neugier war geweckt, denn mit einer solchen Erwiderung hatte er nicht gerechnet. Wenn es sich bei dem Mann um einen unberechenbaren Paranoiden handelte, der seine Adresse in einem veralteten Telefonbuch gefunden hatte, dann steckte er in Schwierigkeiten. Der Akku seines Telefons war leer. Früher hatte sich Katharina immer darum gekümmert, den Apparat in die Ladestation zu stellen. Sie hatte so vieles für ihn getan, und wieder einmal wurde er sich bewusst, wie hilflos er eigentlich ohne sie war. Jetzt konnte er noch nicht einmal die Polizei rufen, um einen Einbrecher zu melden.

«Es geht nicht um mich, sondern um Sie, alter Herr.»

Mit dieser despektierlichen Anrede beugte der Mann sich sanft nach vorn. Nur einen Atemzug später glomm ein Streichholz in seiner Hand auf, mit dem er eine unberührte Adventskerze anzündete. Das dadurch erzeugte Licht war so fahl, dass man die Züge des Mannes weiterhin nur schemenhaft erahnen konnte. Allein der holzschnittartige Schatten an der Wand hinter ihm gab mehr Einzelheiten preis als der direkte Anblick.

«Wie sind Sie hier hereingekommen?»

Jacob schätzte den schwarzgekleideten Eindringling auf Mitte fünfzig, vielleicht älter. Seine innere Stimme riet ihm weiter davon ab, sich dem Unbekannten zu nähern. Auch das Gegenteil, die Flucht, erschien ihm gefährlich; also blieb er einfach dort, wo er war, wie angewurzelt stehen, in der Mitte seines eigenen Wohnzimmers.

«Es tut mir leid, Sie zu erschrecken. Doch Türen gibt es für mich nicht.»

«Wie bitte?»

Jacob fröstelte. In einer solchen Situation hatte er sich noch nie befunden. Allein, mit einem wundersamen Eindringling im Haus, der in Rätseln sprach. Gut, dass er den Hund in der Küche eingesperrt hatte. Er war der einzige Freund, der ihm geblieben war. Wenn Romulus nun auch noch etwas zustoßen würde, könnte er das nicht ertragen.

«Bei mir gibt es nichts zu holen», sagte er in der Überzeugung, einen Einbrecher vor sich zu haben, der sich zwar kultiviert ausdrückte, aber nicht schlau genug gewesen war, sich in der Nachbarschaft ein vermögenderes Opfer auszusuchen. Jacobs Rente war spärlich, und Katharina hatte außer den gemeinsamen Erinnerungen nichts von Wert hinterlassen.

«Ich bin kein Dieb, mein Herr. Kein Bösewicht.»

«Nicht?»

Der Fremde beugte sich nach vorne und schüttelte kaum merklich den Kopf. «Ich bin ein Heiler, so wie Sie. Ich heile Ihr Gewissen.»

Was zum Teufel …

Jacob wurde auf einmal so heiß, dass er seinen Wintermantel aufknöpfen musste. Doch es war nicht das Kaminfeuer neben ihm, das ihm zusetzte, sondern die ungewöhnliche Ausdrucksweise seines ungebetenen Besuchers. In der ersten Aufregung war es ihm entgangen, doch jetzt fiel ihm auf, was ihn an den Sätzen des Fremden fast noch mehr beunruhigte als ihr Inhalt: Der Mann sprach rhythmisch, gar in Reimen. Und wie zum Beweis formulierte er:

«Ich heile Ihr Gewissen
Indem ich Ihnen Botschaft künde
Von der Person,
Die Sie so sehr vermissen.»

«Was reden Sie da nur?», fragte Jacob. Seine Knie wurden weich, und er musste ans Sofa treten, um sich an der Lehne festzuhalten.

«Ich bringe Nachricht, schlimme Kunde
Von jener Frau, die einst in dieser Runde
Mit Ihnen vereint saß vor dem Feuer
– Hand in Hand –,
Bring Kunde von der, die Ihnen einst war teurer
Als Ruhm und Geld und Gold,
Als jeder Diamant.»

Katharina. Jacob wagte kaum zu atmen. Er dachte an einen grausamen Scherz, fragte sich aber gleichzeitig, wer von seinen Freunden noch am Leben wäre, um ihm einen solchen zu spielen? Noch dazu an Weihnachten. Er hatte niemandem etwas getan, im Gegenteil. Das Schicksal hatte ihn über das Spielfeld des Lebens getreten; er war der Gepeinigte; er war derjenige, der Grund und Anlass gehabt hätte, sich an seinen Mitmenschen zu rächen, die sorgenfrei und unbeschwert das Weihnachtsfest begingen, während er hier allein zu Hause saß. Allein mit seinen Erinnerungen und diesem fremden Gast, der nicht davon abließ, seine unheilvollen Reime vorzutragen.

«Ich bitte Sie zu gehen», setzte er an und wurde sofort unterbrochen.

«Nicht bevor Sie endlich sehen …»

«Was?»

«Welch Lügennetz die Wahrheit tarnt.»

«Wovon reden Sie, um Himmels willen?», fragte Jacob.

«Welch Lügennetz Sie fest umgarnt.
Ein Netz, das Sie verzweiflungsschwer mit Schmerz gesponnen,
Das undurchdringlich dicht gewebt, Ihnen hat zuletzt genommen

Die Sicht auf was verborgen liegt,
Was tief im Innersten zermürbt,
Denn das, was man verstorben hielt,
In Wahrheit erst noch stirbt.»

Jacob taumelte, als hätten ihn die Worte körperlich getroffen. Er musste sich setzen, so müde und kraftlos fühlte er sich auf einmal. Also ließ er sich auf das Sofa sinken, auch wenn er jetzt noch weniger von dem Eindringling sah, der auf so grausame Weise in seinen alten Wunden rührte.

«Was fällt Ihnen nur ein?», krächzte er. «Es war ein Unfall.»

«Unfall?», echote der Fremde, fast belustigt.

«Erlauben Sie mir meine Frage:
Verdient nicht das, was nicht geplant,
So doch gewollt an jenem Tage,
Nicht etwas Schlimmeres zum Namen?»

«Sie ist gestürzt.»

«Das, in der Tat, ist richtig.
Doch wird die Wahrheit wieder flüchtig,
Wenn man nicht vollständig bekennt,
Wenn man negiert und leugnet.
Wenn man verdrängt.»

Katharina ist gestolpert, dachte Jacob und schlug sich die Hände vors Gesicht. *Ein kleiner Fehler, eine Unachtsamkeit, wie sie sich täglich tausendfach ereignet. Nur, dass diese hier mir die Liebe meines Lebens genommen hat.*

Der Fremde im Ohrensessel schlug die Beine übereinander, so heftig, dass der Luftzug die Kerze zum Flackern brachte.

«Sie war an jenem Tag der viel zu laut gestrittenen
Worte
An dem verbotenen, schlimmen Orte,
Heimlich, leise, schreckhaft zart,
Während Euer Geist in Nebelträumen
schauderlich begraben ward.»

Jacob versuchte aufzustehen, schaffte es aber nicht.

«Wovon sprechen Sie?», schrie er. «Was meinen Sie mit dem verbotenen Ort? Wo war Katharina?»

«Dorthin, wo ihr aufgetragen war, dass nie und nimmer,
Was immer sie auch hören mag, dort unten
Aus dem dunklen Kellerzimmer,
Was immer zu ihren Ohren drängt, ob laut, ob sacht,
Ob Tag, ob Nacht,
Nie und nimmer sollt' sie gehen,
Dem Geheimnis nachzusehen.»

«Das ist eine Lüge.»

«… die die Wahrheit spricht. Seht mich an. Erkennt Ihr nicht?
Ihr wart die Antwort auf des Rätsels Fragen,
Wohin nur all die Kinder
Vor langer Zeit, in grauenhaften Tagen
Verschwunden sind, für immer!»

«Wohin?»

«In Ihr dunkles Kellerzimmer.»

«Lüge!»

Jacob ballte die Hände und sprang auf. Es kostete ihn eine fast unmenschliche Kraftanstrengung, doch endlich stand er wieder auf beiden Beinen, bereit, sich dem Gegner zu stellen.

«Das ist absurd, und ich bitte Sie auf der Stelle, mit Ihrem albernen Gehabe und den noch alberneren Anschuldigungen aufzuhören. Was sind Sie nur für ein Mensch?»

Er machte einen Schritt auf den Ohrensessel zu, aus dem erneut die Stimme des gesichtslosen Unbekannten drang.

«Kein Mensch, nur das klopfende Gewissen.»

«Und Sie suchen mich ausgerechnet heute heim, um meine Trauer zu vergrößern? Wissen Sie denn nicht, dass meine Frau an Heiligabend gestorben ist? Sie wollte telefonieren, war abgelenkt, achtete nicht auf den Wascheimer, der ihr auf der Kellertreppe im Wege stand, und …»

Jacob stand jetzt direkt vor dem Sessel. Seine Stimme brach. Tränen verschleierten seinen Blick. Er wollte nicht mehr hören, was dieser Irre ihm an unerhörten Anschuldigungen in schrecklichen Versen an den Kopf schleuderte.

«Ab heute werde ich täglich kommen
Mit einem Spiegel im Gepäck,
Den ich vor deine Seele halte, um zu locken
Dich aus dem feigen Selbstversteck.»

«Lass mich in Ruhe!», brüllte Jacob, doch der Mann blieb ungerührt.

«Ab heute bist du hier nicht mehr sicher,
Nicht hier, nicht dort, an keinem Ort.
Ab heute wirst du büßen müssen.
Glaube mir, ich muss es wissen …»

«Und wer bist du?», schrie Jacob mit sich überschlagender Stimme.

«Ich bin, was du verloren hast.»

«Katharina?», flüsterte Jacob erschöpft.

«Nein. Dein Gewissen.»

Hatte Jacob eben noch den Sessel packen und zu sich herumreißen wollen, um diesem verbrecherischen Subjekt, diesem Verleumder, endlich ins Gesicht zu sehen, so sank sein Arm nun wieder bleischwer nach unten. Die Trauer, die er verspürte, lähmte ihn stärker als jedes Barbiturat.

«Bin dein Gewissen»,

wiederholte der Mann und drehte sich erstmals vollständig zu ihm herum. Doch kurz bevor die schattigen Konturen sich zu einem Gesicht verbinden konnten, traf Jacob ein brennender Schmerz an der Wange.

Und er wachte auf.

Was, was ist …? O mein Gott. Gott sei Dank. Nur ein Traum … Nachdem er die Augen geöffnet hatte, überschlugen sich seine Gedanken. Er realisierte nur mit großer Verzögerung, dass er auf seinem angestammten Platz saß, dem alten Ohrensessel. Er war völlig durchgeschwitzt, die Hände waren in die Armlehnen verkrallt. Katharina, die nur wenige Schritte entfernt vor ihm stand, musterte ihn besorgt.

«Gott sei Dank, ich dachte, ich …» Jacob versuchte zu lächeln und damit gleichzeitig den Albtraum abzustreifen. Als er sich die Augen reiben wollte, merkte er, wie nass sein Gesicht war. Er musste im Schlaf geweint, vielleicht sogar geschrien haben. Kein Wunder, dass Katharina ihn so entsetzt anstarrte, mit blassem Gesicht, die Hände vor der Schürze gekreuzt.

«Was ist nur mit dir?», fragte sie völlig verunsichert. In all den Jahren hatte sie ihn noch nie weinen sehen.

«Nichts, Liebes, ich hatte nur einen schlimmen Traum», erklärte er und stand mühsam auf. «Du warst tot und ich war hier allein, ganz allein mit einem Verrückten.»

Er berührte ihre Hand. Die weiche Hand, von der er gedacht hatte, sie niemals wieder drücken zu können, weil dieser Traum so realistisch, so unglaublich wirklich gewesen war.

«Liebes, ich habe dich so vermisst.»

Katharina rollte eine Träne die Wange herab, dann wollte sie sich aus der Umarmung lösen. Doch Jacob hielt sie fest, presste sie nur noch mehr an sich, um das Herz zu spüren, das in ihrer Brust schlug. Eindrücke prasselten auf ihn ein. Schöne Eindrücke, die Zug um Zug die schrecklichen ersetzten.

Es war Weihnachten, im Kamin brannte ein Feuer, der Duft des Festbratens überlagerte den des frisch geschlagenen Baumes, und Romulus döste eingerollt wie eine Katze auf der Decke vor den Flammen. Alles war wieder gut.

«Ich liebe dich», sagte Jacob. Dann, als keine Antwort kam, hob er mit zwei Fingern sacht ihr Kinn an und sagte es ihr noch einmal direkt ins Gesicht. «Ich liebe dich, es tut mir leid, wenn ich dich erschreckt habe.»

«Das hast du wirklich», flüsterte Katharina und zog das Telefon aus der Seitentasche ihrer Schürze.

Er ließ sie los, trat einen Schritt zurück.

Und erst jetzt, dank der veränderten Perspektive, konnte er es sehen. Den wahren Grund ihres Entsetzens.

«Ich war im Keller», sagte sie unnötigerweise, denn die Tür, hinter der die steile Treppe in die Dunkelheit abfiel, stand ja noch offen.

Dann begann Katharina die Nummer der Polizei zu wählen.

Und Jacob musste eine Entscheidung treffen.

Viten

SIMON BECKETT arbeitete als Hausmeister, Lehrer und Schlagzeuger, bevor er sich ganz dem Schreiben widmete. Als Journalist hatte er Einblick in die Polizeiarbeit. Dieses Wissen verarbeitet er in seinen Romanen. Seine ersten beiden Thriller um den forensischen Anthropologen Dr. David Hunter, *Die Chemie des Todes* und *Kalte Asche*, standen monatelang auf Platz 1 der Taschenbuch-Bestsellerliste. Zuletzt erschien mit ebenso sensationellem Erfolg *Leichenblässe*. Simon Beckett ist verheiratet und lebt in Sheffield.

OLIVER BOTTINI, 1965 in Nürnberg geboren, studierte in München Germanistik, Italianistik und Psychologie. Für seine Kriminalromane *Mord im Zeichen des Zen* und *Im Sommer der Mörder* erhielt er jeweils den Deutschen Krimi Preis. Beide Romane standen monatelang auf der KrimiWelt-Bestenliste und wurden in mehrere Sprachen übersetzt. Sein dritter Krimi, *Im Auftrag der Väter*, stand auf der Shortlist des Münchner Tukan-Preises. Im Frühjahr 2009 erschien der neueste Roman *Jäger in der Nacht*. Oliver Bottini lebt in Berlin.

CHRIS MOONEY, aufgewachsen in Lynn/Massachusetts, ist einer der erfolgreichsten neuen amerikanischen Thrillerautoren. Er lebt mit seiner Frau und seinem Sohn in Boston. *Scream* war sein hochgelobter Debütroman. Aus der Darby-McCormick-Reihe erschienen bisher die Romane *Victim* und *Secret*, außerdem der Thriller *Missing*.

FRIEDRICH ANI, 1959 in Kochel am See geboren, lebt in München. Für seine Kriminalromane um den Vermisstenfahnder Tabor Süden und den Mordermittler Polonius Fischer erhielt er zahlreiche Preise, u.a. den Deutschen Krimipreis und den Tukan-Preis der Stadt München für das beste Buch des Jahres. Zuletzt erschienen von ihm der Gedichtband *Mitschnitt* und der Roman *Totsein verjährt nicht*.

LINWOOD BARCLAY machte seinen Abschluss in Literatur an der Trent University in Petersborough, Ontario. Lange Jahre arbeitete er als Journalist und schrieb eine beliebte Kolumne für den *Toronto Star*. In Kanada und den USA veröffentlichte er seit 2000 eine Reihe von Sachbüchern und die *Zack-Walker*-Krimiserie von inzwischen vier Bänden. Mit seinem ersten Psychothriller *Ohne ein Wort* schaffte Linwood Barclay 2007 den internationalen Durchbruch, 2008 folgte *Dem Tode nah*. Mit seiner Frau und zwei Kindern lebt Linwood Barclay in der Nähe von Toronto.

LEENA LEHTOLAINEN, 1964 geboren, lebt und arbeitet als Kritikerin und Autorin in Degerby, westlich von Helsinki. Sie ist eine der erfolgreichsten und renommiertesten finnischen Schriftstellerinnen. 1994 erschien der erste Roman mit der Anwältin und Kommissarin Maria Kallio, deren Abenteuer in Finnland auch als Fernsehfilme sehr erfolgreich sind. Die in Deutschland zuletzt erschienenen Kriminalromane aus der Maria-Kallio-Serie sind *Wer sich nicht fügen will* und *Auf der falschen Spur.*

FELICITAS MAYALL begann ihre Karriere als Journalistin bei der *Süddeutschen Zeitung*. Inzwischen lebt sie als freie Autorin mit ihrem Mann am Chiemsee. Der erfolgreiche erste Band der Serie um die Münchner Kommissarin Laura Gottberg, *Nacht der Stachelschweine*, wurde von Presse und Publikum begeistert aufgenommen. Inzwischen erschienen außerdem *Wie Krähen im Nebel, Die Löwin aus Cinqueterre, Die Stunde der Zikaden, Wolfstod, Hundszeiten* und *Die Rache des Pegasus.*

JAY BONANSINGA, geboren 1959, schreibt Thriller und Drehbücher. Seine in Deutschland erfolgreichsten Romane sind *Die Eismumie (Frozen), Hurricane (Twisted)* und *Im Angesicht des Todes (Terrified)*. Er lebt mit seiner Familie in Evanston, Illinois.

VEIT HEINICHEN, geboren 1957, lebt in Triest. Seine fünf Romane über den Triestiner Kommissar Proteo Laurenti *Gib jedem seinen eigenen Tod, Die Toten vom Karst, Tod auf der Warteliste, Der Tod wirft lange Schatten* und *Totentanz* wurden in viele Sprachen übersetzt, international prämiert und mit großem Erfolg für die ARD verfilmt. Zuletzt erschien 2009 *Die Ruhe des Stärkeren.*

KATE PEPPER ist in Frankreich geboren und in den USA aufgewachsen. Heute lebt sie mit ihrem Mann, einem Filmproduzenten, und ihren zwei Kindern als Schriftstellerin in New York. Bislang erschienen von ihr die Titel *5 Tage im Sommer, 7 Minuten zu spät, 48 Stunden, 3 Wochen bis zur Wahrheit* und *15 Sekunden,* mit denen Kate Pepper sich einen festen Platz unter den Top-Thriller-Autorinnen erobert hat.

SEBASTIAN FITZEK wurde 1971 in Berlin geboren. Nach seinen Bestsellererfolgen *Die Therapie, Amokspiel, Das Kind* und *Der Seelenbrecher* ist er unbestritten DER neue deutsche Star des Psychothrillers. Seine Bücher werden in über zwanzig Sprachen übersetzt, und als einer der wenigen deutschen Thrillerautoren erscheint Sebastian Fitzek auch in den USA und England, der Heimat des Spannungsromans.